Les oiseaux
de France
par

Roger Reboussin

Les oiseaux
de France
par

Roger Reboussin

" *Devant le caractère sacré de la vie*
et de l'être humain,
devant les merveilles de l'univers,
l'unique attitude adéquate
est celle de l'émerveillement ".

Lettre du Pape Jean Paul II aux Artistes
4 Avril 1999

" *Faced with the sacredness of life*
and of the human person,
and before the marvels of the universe,
wonder is the only appropriate attitude".

Letter from the Pope John Paul II to Artists
4th April 1999

Les oiseaux
de France

par

PIERRE JEANSON

CONSEIL

Pour toute information conçernant l'identification, l'habitat, la migration, deux livres particulierement recommandés:
LE GUIDE DES OISEAUX DE FRANCE ET D'EUROPE de R.T. Peterson (Delachaux et Nieslé)
LES OISEAUX D'EUROPE de Lars Jonsson (Nathan)

ISBN 2-9514488-0-5
Dépôt légal - Oct 99

Tout a commencé le 10 mai 1935 dans ce lieu magnifique qu'est la Baie de Somme: mon père, chasseur et bibliophile, avec Roger Reboussin, maitre de dessin au Muséum d'Histoire Naturelle à Paris, décident de réaliser une grande oeuvre: **le livre de tous les Oiseaux de France.**

Aucun peintre animalier n'avait auparavant risqué une telle aventure : représenter dans leur biotope la totalité des oiseaux de son pays. Roger Reboussin mettra 30 années pour mener son travail à son terme. Le décès de mon père en 1942 et celui de Roger Reboussin en 1965 remettent le projet *sine die.*

Aujourd'hui, ce livre voit enfin le jour pour ma plus grande joie car, il respecte une volonté, perpétue une mémoire et dévoile au grand public l'immense talent de ce peintre trop méconnu.

Un grand livre d'images destiné aux plus jeunes comme aux plus vieux, à une condition: qu'ils admirent l'oeuvre du Créateur.

Les 416 espèces répertoriées en 1965 sont toutes là, présentes et vivantes.

Je vous invite à découvrir ces merveilles que nous offre Roger Reboussin.

Pierre Jeanson

Les gouaches originales (25x32 cms) ont fait l'objet d'un don au Musée de la Chasse et de la Nature à Paris.

The project was conceived on 10th May 1935, in the magnificent setting of the Baie de Somme, in the north-west of France. My father, Marcel Jeanson, a grand chasseur and passionate collector of books on hunting and shooting along with Roger Reboussin, Master Painter to the Muséum d'Histoire Naturelle in Paris decided to compile a book illustrating all « **The Birds of France** ».

Never before had a painter of animals ever embarked on such an ambitious enterprise: to portray, in their natural habitat, every species of bird in their country. Roger Reboussin took over 30 years to complete his work. The death of our father in 1942 and that of Roger Reboussin in 1965 postponed its realisation sine die.

Today, this book has finally become a reality. It gives me the greatest pleasure to publish this œuvre as it respects our father's wishes, it perpetuates a memory and confirms the immense talent of the painter, until now largely unknown.

This wonderful picture book is intended for the young and old alike so that they may admire the work of the Creator.

The 416 species of birds known in 1965 are all illustrated here in their natural environment.

There is no need to delay further: leaf through the pages, whether it is in order or at random, and enjoy its richness.

Pierre Jeanson

The original gouaches (25x32 cms) have been donated to the Musée de la Chasse et de la Nature in Paris.

Remerciements:

Je tiens a remercier tous ceux qui par leur compétence, leurs multiples conseils et leur enthousiasme m'ont encouragé à réaliser ce livre.

En particulier:

Christian Jouanin, ancien Président de la Société Ornithologique de France,

Claude Aguttes, fauconnier et commissaire-priseur,

Jean Goret, photographe,

mon frère Bernard.

Acknowledgements:

I would like to thank all those who through their detailed subject knowledge, advice and enthusiasm, encouraged me to publish this book.

In particular:

Christian Jouanin , previous President of the Société Ornithologique de France,

Claude Aguttes, Falconer and Auctioneer

Jean Goret, photographer

and my brother Bernard.

Projet de préface pour "Les Oiseaux de France"
par
Marcel Jeanson

Draft of a Preface for "The Birds of France"
by
Marcel Jeanson

Pour toute œuvre, une pensée essentielle doit se dégager. A certains moments de notre existence, ces idées, jadis confuses, harcèlent notre esprit, jusqu'au jour où elles s'imposent, car la clarté s'est faite, et l'unité du but désiré apparaît dans toute sa netteté. A toutes les époques de notre histoire, une élite intellectuelle, artistique, scientifique a su dégager la pensée française et la maintenir au premier rang.

Combien souvent, plongé dans les ouvrages merveilleux de ma bibliothèque où j'ai eu la joie d'entasser tous les rarissimes joyaux de la cynégétique et de l'ornithologie, j'ai vibré devant la science de nos savants, mais peut-être davantage encore, au contact de la virtuosité de nos artistes, enlumineurs, relieurs, peintres, typographes, graveurs, qui ont inscrit, pour la postérité, la marque de leur génie propre; et j'ai songé que ce génie était un milieu, une ambiance, la collaboration de tout un monde de valeurs individuelles où chacun avait apporté à l'édifice, la pierre précieuse de sa propre personnalité.

Comment ne pas confondre dans la même reconnaissance nationale celui qui a conçu l'ouvrage, celui qui, sincère, en a permis la réalisation, ceux qui, groupés, l'ont réalisé, ceux enfin, qui l'ont animé, depuis le Souverain qui en acceptait la dédicace, jusqu'au plus humble de

From every type of work, an essential thought must emerge. At certain times in our existence, these thoughts which were once confused, torment our mind, until the day when they reveal themselves to us, because light has come, and the unity of the goal we were aiming at finally appears clearly to us. Throughout the different periods of our history, the intellectual, artistic and scientific élite have found ways of bringing out French thinking and maintaining it at the forefront.

How many times, when I was engrossed in the wonderful books in my library, where I had been fortunate enough to collect some of the extremely rare jewels of cynegetics and ornithology, have I been thrilled by the knowledge of our scientists, but maybe even more by the virtuosity of our artists, illuminators, bookbinders, painters, typographers and engravers, who inscribed the mark of their own genius in their works for posterity; and I thought that genius was a milieu, an atmosphere, the collaboration of a whole world of individual values, each of which had brought to the overall edifice the gem of its own personality.

It is difficult not to confuse, within the same national recognition, the person who envisaged the work, the one who, with sincerity, enabled its creation, those who, as a group, produced it, and last but not least, those who made it come to life, from the Sovereign who agreed to it being dedicated to him, down to the most humble of our skilful craftsmen. All of them,

nos habiles artisans. Tous vivant dans la contemplation quotidienne des chefs d'œuvres de notre civilisation ressentaient à l'unisson les splendeurs de leur siècle qu'ils réalisent par la commune expression de leurs efforts.

Une telle constatation comportant une déduction logique, à toute époque, chaque individu doit contribuer à enrichir la collectivité de son effort personnel et ce, suivant ses moyens propres.

De nos jours, beaucoup de grands philanthropes rendent à la masse sous forme de subventions, d'œuvres sociales, le pain matériel que leur labeur, leur intelligence ou leur astuce leur a permis d'accumuler, et ce faisant, ils ne font que leur devoir strict. Jadis, les grands, c'est à dire les puissants du jour, n'ignoraient pas davantage ce besoin de soulager la misère humaine, mais, plus compréhensifs de leur mission, ils subissaient moins que nous l'ambiance de la vie matérialiste, ce triste esclavage du machinisme moderne.

Et si notre XXème siècle paraît en retard sur ce point sur ses devanciers, ce n'est pas parce qu'une certaine évolution a réussi à tuer chez l'individu l'esprit créateur, mais parce qu'elle l'a précisément orienté vers la machine, c'est à dire la satisfaction effrénée de nos appétits matériels. Aussi, dès que nos artistes et nos artisans sont dégagés des gros soucis que comporte pour eux l'inéluctable besoin de vivre, les voyons-nous créer à leur tour des merveilles et ajouter de nouveaux maillons à la chaîne sans fin que construit un merveilleux atavisme.

C'est pour démontrer la permanence de l'art français dans une de ses manifestations: l'Ornithologie, qu'est née l'idée, puis la réalisation de cet ouvrage. A toute époque, l'oiseau a tenté les artistes, mais j'affirme sans crainte d'être démenti, qu'à aucune époque l'oiseau n'a été autant aimé, compris, et protégé. Il sied peut-être mal à un enragé chasseur d'avancer une telle affirmation, et pourtant, elle est justifiée. D'ailleurs de nos jours, les nemrods dignes de ce nom ont compris combien il était stupide de tuer pour tuer; le sport doit se discipliner et si certaines hécatombes d'oiseaux élevées et renouvelées trouvent leur justification dans l'accomplissement d'un sport d'adresse et la contribution aux menus de nos

living in the daily contemplation of the works of art of our civilisation, felt in unison the splendours of their century which they expressed through their joint efforts.

Since such an observation contains an element of logical deduction, during any given period each individual must contribute to enrich the whole with his personal efforts and this, by using his own means.

Nowadays, many great philanthropists give back to the majority of people - in the form of subsidies or benefits - the material bread that they have been able to accumulate thanks to their work, their intelligence or their astuteness, and, by doing so, they only carry out their strict duty. In days gone by, the great, that is to say the powerful of that time, were just as aware of the need to relieve human suffering, but, as they understood their mission better, they were less influenced than we are by the atmosphere of materialistic living, by the sad slavery of modern mechanisation: they understood that Man does not live on bread only, and they quite naturally endeavoured to bring him, at the same time, the spiritual and intellectual manna of which art, in all its shapes and expressions, is one of the essential elements. And if our 20th century seems, on this subject, to lag behind that of its predecessors, it is not because a certain evolution has succeeded in killing creative spirit in the individual, but because it specifically directed it to the machine, that is to say to the relentless satisfaction of our appetite for material goods. So, as soon as our artists and craftsmen are relieved of the major worries that, for them, go hand in hand with the inescapable need to make a living, to secure the materialistic side of things (to use a modern expression), we see them, in turn, creating wonders and adding new links to the endless chain that this marvellous atavism goes on building.

It is with a view to demonstrating the permanence of French art in one of its manifestations - Ornithology - that the idea of creating this book was born. Throughout history, Birds have tempted artists, but I would say without any fear of being contradicted, that at no other time in history have birds been so much loved, understood and protected than nowadays. It may not befit such a keen hunter as I am to put forward an assertion of this kind, and yet, it is well justified. Besides nowadays, Nimrods worthy of this name have understood

gourmets, la destruction irraisonnée et stupide de quantités d'oiseaux rares, innocents, sans valeur culinaire, doit être jugée des plus sévèrement.

Une éducation rigoureuse de notre jeunesse doit être faite si elle résulte du respect que nous devons aux merveilles de la Création.

Or, on aime et on protège ce que l'on comprend. Pour comprendre l'oiseau, il faut avoir vécu avec lui, de façon intime, il faut avoir pénétré ses secrets, connaître les dons que lui a dispensés le Créateur, et alors on admire, on contemple toute cette gente ailée qui émigre, parcourt les continents à la recherche des lieux où elle trouve l'amour et le pain quotidien.

Notre époque, mieux équipée, pouvait mieux saisir que les précédentes, cette vie des oiseaux: prospection de nos explorateurs, stations de baguage, matériel de contrôle (jumelles, appareils de photo et de cinéma), multiplication des communications savantes entre les différents pays; tout contribue à enrichir nos connaissances. Le résultat, c'est que nos artistes ont su voir dans l'oiseau ce que leurs prédécesseurs n'avaient fait qu'entrevoir. Feuilleter les planches originales des divers ouvrages parus sur cette matière depuis plusieurs siècles est des plus significatif. On voit, à chaque époque, le souci de représenter aussi exactement que possible l'espèce par la représentation fidèle de ses traits essentiels, c'est à dire, des formes extérieures. On remarque également le soin grandissant apporté à répéter les couleurs chatoyantes de chaque espèce. L'art d'abord grossier, se perfectionne, se stylise. Mais une constatation essentielle s'impose: jusqu'au XXème siècle, jamais les artistes n'ont su rendre la vie des oiseaux. Tous les recueils se ressemblent par un défaut commun: la monotonie des planches où les sujets sont reproduits inertes, sans vie, en quelque sorte empaillés, à une époque où on empaillait peu et mal. La plupart de nos artistes animaliers depuis un demi-siècle, ont cherché à s'évader de cette platitude, et ils ont compris qu'il fallait apporter à l'oiseau la solution que l'école impressionniste avait su heureusement apporter à l'art et à la peinture.

Roger Reboussin, artiste fin et délicat, nul ne connaît

how pointless it was to kill for killing's sake; this sport must become more disciplined and if we can sometimes excuse - for the sake of a skilful activity and for the contribution it makes to the menus of gourmet people - the slaughter of some birds that have been reared for that very purpose and will be replaced, we must however, judge with the utmost severity the irrational and stupid slaughter of a large number of rare and innocent birds with no particular culinary value to anybody.

Our young people must be educated rigorously if their education is to result from the respect that we owe to the marvels of Creation.

We love and we protect what we understand. In order to understand birds, one must have lived with them, intimately, penetrated their secrets, know the gifts that the Creator has bestowed upon them and only then can one admire and contemplate all this avian race which migrates, flies across the continents in search of the places where it finds love and its daily bread.

Our era, in which we are better equipped than ever, could capture this life of birds much better than it had been done in the past: prospections by our explorers, ringing stations, birdwatching equipment (binoculars, cameras, and film cameras), the multiplication of the communication of scientific documents between various countries; everything contributes to enriching our knowledge, with the result that our artists have succeeded in seeing in birds what their predecessors had only been able to catch a glimpse of. Leafing through the original plates of various books published on this subject over many years is highly revealing.

We can see, at each period, the effort they made to depict the species as exactly as possible, by faithfully reproducing its essential features, that is to say its external shape. We also notice the ever greater care taken to reproduce the sparkling colours of each species. Art, which at first was coarse in its reproduction of birds, improved and became more stylised. But one obvious statement stands out of all this: until the 20th century, artists had never completely succeeded in capturing the life of birds. All the books have one shortcoming in common: the dullness of the plates on which the subjects that have been reproduced are lifeless, stuffed so to speak, at a time when stuffing was not very common and usually poorly done.

l'oiseau mieux que lui, nul ne l'aime davantage, nul n'a su saisir à son égal le geste, l'allure, le regard, les attitudes si particulières à chaque individu. Et un vieux chasseur ayant passé sa vie dans la contemplation des oiseaux évoluant devant son hutteau, son gabion, ses marais, landes et plaines n'ignore rien de ces attitudes si caractéristiques, et il est ému lorsqu'il les retrouve fidèlement transcrites par le pinceau délicat d'un grand artiste. C'est cette émotion qui constitue toute la valeur de l'oiseau ici représenté. Elle retrace un immense effort de volonté, de travail, et de persévérance.

Mon ami le peintre R. Reboussin résume plus loin en quelques lignes, ce qu'il a su si bien réaliser. Mon rôle se résumant à justifier la présentation de cet ouvrage et à en reporter tout le mérite sur ce collaborateur artiste et savant, qui l'a si magnifiquement réalisé.

Marcel JEANSON

Paris, 1941

For more than half a century, most of our animal painters have tried to escape this dullness and they have understood that they needed to bring to birds the solution that the impressionist school had brought - so successfully - to painting. It is this quest for life that I had felt so often before, when admiring birds in their various environments, which finally convinced me to entrust my friend Roger Reboussin with the production of this book. A fine and delicate artist, nobody knows birds better than he does, nobody loves them more, nobody has ever succeeded in capturing quite like him the moves, the aspect, the look, the attitudes so typical of each individual bird. And an old hunter who spent his life admiring birds flying in front of his observation hut, his hide, his marshes, moors and plains is well acquainted with such characteristic attitudes and he is moved when he rediscovers them, so faithfully reproduced by the delicate brush of such a great artist. It is this emotion which constitutes all the value of the birds depicted in this book. It represents an immense effort of will, hard work and perseverance.

My friends, the painter R. Reboussin and J. Rapine, the president of the French Ornithological Society, sum up below in a few lines what they succeeded in producing so beautifully. My role is merely to introduce this book and to give all the merit to the artist who produced it so magnificently.

Marcel JEANSON

Paris, 1941

Projet de préface pour "Les Oiseaux de France"
par
Roger Reboussin

Draft of a Preface for "The Birds of France"
by
Roger Reboussin

Les notations qui devaient servir à rassembler ces portraits des oiseaux de France n'étaient pas l'objet du hasard, mais bien les matériaux d'un projet longuement mûri. Elles se sont d'abord groupées en études quotidiennes au cours d'observations qui, chaque fois, me mettaient dans une intimité plus grande, plus exacte et plus profonde de mon sujet. Elles s'entassaient dans des carnets de croquis sur le vif, accroissant mon plan, renforçant ma mémoire des gestes et des faits, synthétisant ce qui était multiple dans l'oiseau, afin de créer le type correspondant non seulement à ses dimensions, à son plumage sexué ou saisonnier mais spécialement à son caractère en tant qu'espèce, à cette nuance d'esprit qui la personnifie par son mouvement et particulièrement par sa physionomie. Il me fallait aussi, évoquant la vie située sur cet être que j'affectionnais par la poésie même ce qu'un artiste plus didactique eût négligé, replacer dans la vie dont mon analyse l'avait comme un instant abstrait ce modèle qui n'a qu'une atmosphère, "le plein air", donc toute la nature aux cent paysages, depuis le recoin de forêt où éclot mystérieusement la couvée du Pouillot siffleur, la grève où les chevaliers vérotent à marée basse, la haute montagne enneigée où chasse l'Aigle fauve, jusqu'à la garrigue

The notes which were intended to link together these pictures of birds of France were not a matter of chance but the result of a project that had been nurtured for a long time. At first, they were gathered during my daily studies following my observations of birds which, every time, brought me in a closer, more exact and deeper intimacy with the subject of my study. These notes were compiled in books of sketches from life, which enabled me to increase my plan, reinforcing my memory for movements and facts, synthesizing the multifaceted nature of birds, in order to create the right type which corresponded not only to its dimensions, its sex-or-season-related plumage but above all to its character as a species, to this nuance of spirit which personifies it in its movements and particularly in its looks.

As I evoked, through poetry itself - which is something that a more didactic artist would have neglected - the life of this being that I loved, I also had to place back in the context of life (of which my study had, for a moment, abstracted it) this model which only knows one atmosphere, the "open air", that is to say the whole of nature with its hundreds of different landscapes, ranging from the remote corner of a forest where the clutch of the wood warbler mysteriously hatches, the strand where the sandpipers look for worms at low tide, the high snow-capped mountain where the golden eagle hunts,

et à la Camargue méridionale, patries de la Fauvette subalpine et du Flamant rose, la lande bretonne où voisinent le Traquet pâtre et le Pitchou armoricain, le marais de Sologne avec ses colonies de Sternes et de Goëlands rieurs, l'étang cher aux Grèbes et aux Rousserolles.

Il me fallait encore une circonstance plus exceptionnelle qui me permît d'assumer sans arrêt l'exécution de cette tâche souhaitée, préméditée, préparée. Or, c'est en 1935, à l'issue d'une grande exposition personnelle de mes toiles, de mes aquarelles et de mes dessins, de bêtes, de paysages et d'oiseaux que je rencontrais l'animateur de mon projet en M.Marcel Jeanson, le bibliophile français le plus passionné par les oiseaux et la chasse qui avait réuni la bibliothèque la mieux sélectionnée et la plus riche en mémoires et en recueils de planches originales, tant français qu'étrangers, à la fois les plus beaux de notre temps comme les plus précieux des siècles passés.

C'est dans son gabion de la Baie de Somme, le 10 mai 1935 qu'il me confia l'exécution de la série peinte de tous les oiseaux de notre pays, tant sédentaires que passagers réguliers et accidentels bien avérés.

La gouache fut le procédé préféré. Employé par les enlumineurs depuis l'époque des manuscrits du Moyen Age jusqu'à notre temps par les peintres de la faune et de la flore, sa matité aérée permet de garder au modèle tout son éclat, avec une souplesse de matière égale à celle de l'huile jointe aux libertés et aux transparences de l'aquarelle.

Du croquis le plus schématique de l'attitude et du mouvement de l'oiseau, jusqu'à l'exécution du plumage ordonné dans sa disposition et dans ses nuances rompues par les diversités de sa matière, je me préparais à l'accomplissement de ces planches où devait se retrouver la trace des milieux divers où j'avais observé chaque espèce française depuis les côtes anglaises jusqu'à la chaîne des Carpates, depuis la Camargue et les Pyrénées, jusqu'en Laponie et à l'Archipel des Lofoten, des dunes hollandaises à la Suède baltique et aux "fagnes" ardennaises, jusqu'à nos provinces françaises les plus centrales, jusqu'à mon jardin qui vit naître mes premières esquisses, jusqu'à la côte du Marquenterre où, avec M. Jeanson, nous étudimes les passages des échassiers et des palmipèdes de notre sauvagine.

down to the garrigue and the southern Camargue, which are home to the subalpine warbler and the pink flamingo, the heath in Brittany where the stonechat and the warbler from Armorica mix, the marshes in the Sologne with its colonies of terns and black-headed gulls, and the pond dear to grebes and marsh warblers.

I also needed even more exceptional circumstances to enable me to embark on carrying out this task that I had wished for, premeditated and prepared. In 1935, following a big exhibition of my paintings, watercolours and drawings of animals, landscapes and birds, I met the organiser of my project in the person of M. Marcel Jeanson, the French booklover with the greatest passion for birds and for hunting who had gathered the best and richest collection of original plates, both from French and foreign artists, not only the most beautiful ones of our present times but also the most precious of the past centuries.

It was in his hide in the Baie de Somme that, on 10th May 1935, he entrusted me with undertaking the series of paintings of all the birds in our country, whether they be well-known sedentary birds, or regular or occasional migratory birds.

I chose to use gouache as my favourite medium. Used by illuminators since the times of the manuscripts of the Middle Ages, up until now by fauna and flora painters, its mat and airy aspect enables the artist to keep all the brightness of his subject, whilst retaining a fluidity in the material comparable to that of oil paints coupled with the freedom and transparency typical of watercolour.

From the most schematic sketch of the attitude and movement of the bird, to the painting of the neatly arranged plumage with its nuances broken up by the diversity of its texture, I was preparing to produce these plates on which I had to convey the trace of the various habitats where I had observed each French species: from the coasts of England to the Carpathian range, from the Camargue to the Pyrenees, all the way to Lapland and to the Lofoten archipelago, from the Dutch sand dunes to Baltic Sweden and to the marshes of the Ardennes, to our most central French provinces, to my own garden where I drew my very first sketches, down to the coast of the Marquenterre where M. Jeanson and I studied the flights of the passing wading birds and palmides belonging to our wildfowl.

L'art du paysagiste devait me servir parallèlement à celui du peintre de motifs précis. L'interprétation de ce qui ne peut point être copié servilement mais taché dans l'esprit de la vie, devait donc s'allier à l'exécution la plus rigoureuse et la plus spontanée.

Le sujet tout entier exigeait de peindre en impressionniste suivant le terme de mes contemporains du XIXème siècle et d'être en même temps un portraitiste: deux styles incompatibles, devant certains préjugés du moins.

Or l'oiseau, le modèle lui-même, vint à mon secours; il plaidera ma cause car il résout l'antinomie apparente, costumé le plus souvent suivant les lois du camouflage le plus approprié à sa sauvegarde et, de toute façon, toujours en harmonie avec sa patrie d'élection.

La Nature est donc mon maître quand elle se reproduit elle-même sur le manteau de l'animal": elle tache sur le patron du sol forestier les ailes de la bécasse, parsème d'éteules le dos de la Perdrix grise, tranche en tons entiers mais d'inégales valeurs et de matières différentes la masse du plumage d'un Pic épeiche ou d'un Canard col vert"; elle procède par grands à plats forts aériens pour les goélands, le Busard cendré, le Héron gris, formant passage de blancs et de gris avec l'eau ou avec le ciel. D'autres localités agissent de même en partant du vert, du blond ou du blanc suivant que l'oiseau est arboricole ou désertique ou qu'il vive sur la neige.

En dépit d'une évolution qui détache les hommes de leur berceau, j'espère avoir collaboré par ce thème à les rapprocher de la nature"; dans la contemplation et la méditation que ses sanctuaires m'avaient doucement imposée, j'aurais concouru ainsi à une tâche bienfaisante.

Et s'il a fallu pour cela les moyens de l'art, mon souci aura été de prolonger la science par ce qu'elle ne peut précisément décrire.

M. Jeanson qui fut l'animateur de cette œuvre eut déploré que j'eusse failli à ce but.

Roger REBOUSSIN

Sargé, le 1er juin 1941
(Loir et Cher)

The art of the landscape painter would prove to be useful to me, alongside that of the painter of more precise motifs. I therefore had to combine my interpretation of what cannot be servilely copied but rather imprinted in the spirit of life, with the most rigorous, yet the most spontaneous way of painting these birds.

The whole subject of my assignment demanded that I should paint as an impressionist, to use a term of my contemporaries from the 19th century, but that I should be, at the same time, a portrait painter: two styles which were apparently incompatible with each other, at least in the face of certain prejudices.

But the bird itself came to my rescue: it would plead my case as it resolved this apparent antinomy, wearing in most cases, the colour of the camouflage which is best suited to ensure its safety, and in any case, always being in harmony with its chosen territory.

Nature itself is therefore my master when it mirrors itself on the plumage of the animal: it reproduces the patterns of the forest ground on the wings of the woodcock, scatters stubble on the back of the common partridge, prints clear colours, though of different intensity and various textures, on the mass of the plumage of the great-spotted woodpecker or of the mallard; it uses strong airy flat tints for seagulls, for the Montagu's harrier or the grey heron forming areas of whites and greys with the water or the sky. Other habitats produce the same effects, using green, gold or white depending on whether the bird is arboreal or dwells in the desert or on the snow.

Despite the evolution through which man tends to become separated from his birthplace, I hope to have contributed, thanks to this theme, to bringing him closer to nature; through my contemplation and the meditation that his sanctuaries had gently forced upon me, I therefore worked towards achieving a beneficial task.

And if, in order to achieve this goal, we had to resort to art, my concern will have been to extend science by providing precisely what it cannot describe accurately enough.

M. Jeanson, who was at the origin of this work, would have deplored it if I had failed in this mission.

Roger REBOUSSIN

Sargé, 1st June 1941
(Loir et Cher)

Roger Reboussin observe les oiseaux, le aime et les peint...

Roger Reboussin observed birds, loved them and painted them

Le contexte cynégétique de ses amitiés, son goût aigu pour la nature, le conduit à représenter la vie avant tout. Au-delà d'une maîtrise exquise du dessin, ses gouaches et aquarelles reproduisent le sentiment de la nature comme aucun artiste ornithologue n'avait su le faire jusqu'alors.

Né à Sargé dans le Loir et Cher le 11 octobre 1881, Roger Reboussin acquiert dans sa jeunesse une passion pour la chasse et l'ornithologie. Il est alors lycéen à Vendôme, et la faune importante qui niche dans cette région sut sans doute susciter une vocation. Certes il entreprend des études de commerce au Havre, mais les abandonne rapidement.

The cynegetic context of his friendships and his keen love of nature, lead him to depict life above all. Beyond the exquisite mastery of his drawing, his gouache and water colour paintings, are conveyed his feelings for nature, in a way no other ornithologist artist had ever succeeded in doing before.

Born in Sargé in the Loir-et-Cher region on 11th October 1881, Roger Reboussin developed in his youth a passion for hunting and ornithology. At the time, he was a pupil at a lycée in Vendôme and the abundant fauna that nests in that region undoubtedly gave rise to his vocation. Although he began business studies in Le Havre, he was soon to abandon them.

A Paris débute véritablement sa carrière artistique.

His artistic career started rapidly in Paris.

Se goûts le poussent naturellement à parfaire son talent dans l'atelier d'Hermann-Léon, peintre animalier qui saura le conforter dans cette voie artistique trés particulière.

Partagé entre son pragmatisme et la théorie alors de rigueur il effectue, bien sur, ses académies.

Il obtient rapidement la reconnaissance des ses pairs et acquiert le respect de ses élèves, qui le comparent souvent à Barye: le même sens de l'observation, le même amour de la Nature réunissent les deux artistes.

His natural inclinations led him to perfect his talent in the studio of Hermann-Leon, an animal painter who encouraged him to continue on this very specific artistic path. He continued his studies at various academies of art concentrating on the theory of painting whilst, at the same time, letting his own natural pragmatism develop. His talent was soon to be recognised by his peers and he was respected by his pupils who often compared him with Barye: an artist who shared the same sense of observation and the same love of nature.

He participated in the French Artists' Exhibition where, in

En outre, il participe au salon des Artistes Français où il obtient en 1907 une mention honorable pour un Taureau et en 1937 une médaille d'or. Puis il participe aux Expositions de la Société des Artistes Animaliers de 1912 à 1931. Il est également sociétaire du Salon d'Automne et obtint le prix Gillot-Dard en 1945. Diverses commandes publiques lui sont attibuées: il décore le lycée Buffon; le Grand Conseil de Brazzaville; et il conserve jusqu'en 1964 le titre prestigieux de «Maître du dessin au Muséum ».

Enfin, Roger Reboussin voyage à travers l'Europe et l'Afrique de l'Ouest, mais tojours en restant fidèle à sa région originelle.

Jamais il n'oublie ses premières amours: la chasse et le bocage du Val-de-Loire, où il noue de nombreuses amitiés.

Il exécute ainsi une commande privée pour son fidèle ami et mécène Marcel Jeanson. Celui-ci est en effet à l'initiative de la réalisation des *Oiseaux de France* dont il écrit la préface quelques années avant la mort de Roger Reboussin. Cette œuvre exceptionelle par son homogénéité regroupe 388 gouaches de l'artiste.

Certes, Marcel Jeanson en tant que chasseur et amoureux de la nature avait su apprécier l'acuité, le realisme des œuvres de Roger Reboussin. En tant que mécène, il ne pouvait, comme vous ne pourrez sans doute le faire résister à la délicatesse, à la sensibilité du pinceau de Roger Reboussin.

CLAUDE AGUTTES
Commissaire Priseur
Membre de l'Association de fauconniers et autoursiers français (ANFA)

1907, he won a distinction for a painting of a « bull » and in 1937 a gold medal. He also took part in the exhibitions of the Animal Artists' Society from 1912 to 1931. He was a member of the Autumn Exhibition and won the Gillot Dard prize in 1945. He was commissioned to carry out several public works: he decorated the Buffon lycée and the Great Council in Brazzaville and retained, until 1964, the prestigious title of "Master of Drawing at the Museum".

Finally, Roger Reboussin travelled throughout Europe and Western Africa, but always remained faithful to his native region.

He never forgot his first loves: hunting and the bocage of the Loire Valley where he formed many friendships.

This book illustrates the work he carried out under the private commission of his faithful hunting friend and patron Marcel Jeanson. It was namely the latter who took the initiative of compiling a book about all the **birds of France** for which he wrote the draft preface a few months before his death in 1942. This exceptionally homogeneous work is a collection of 388 gouache paintings by the artist.

As a hunter and nature lover, Marcel Jeanson appreciated the sharpness and the realism of Roger Reboussin's work. As a patron, he could not resist, as I am sure you will not be able to resist either, the delicacy and the sensitivity of Roger Reboussin's brushstrokes.

CLAUDE AGUTTES
Auctioneer
Member of the French Association of falconers and goshawkers (ANFA)

18

Les rapaces

Milvus milvus

Gypaetus barbatus

GYPAETE barbu
Bearded Vulture

Milvus migrans

MILAN noir
MILAN royal
Black Kite
Red Kite

Aquila chrysaetos

AIGLE royal
Golden Eagle

Haliaeetus albicilla

PYGARGUE à queue blanche
White-tailed Eagle

Aquila heliaca

AIGLE impérial
Imperial Eagle

Hieraaetus fasciatus

Aquila chrysaetos

AIGLE royal
Golden Eagle

Pernis apivorus

BONDRÉE apivore
Honey Buzzard

Aquila clanga

AIGLE criard
Spotted Eagle

Neophron percnopterus

VAUTOUR percnoptère
Egyptian Vulture

Buteo rufinus
Buteo lagopus

BUSE féroce
BUSE pattue
Long legged Buzzard
Rough legged Buzzard

Accipiter gentilis

AUTOUR des palombes
Goshawk

Buteo buteo

BUSE variable
Buzzard

Accipiter gentilis

AUTOUR des palombes et canard souchet
Goshawk and shovelers

Circus aeruginosus

BUSARD des roseaux
Marsh Harrier

Circus pygargus

BUSARD cendré
Montagu's Harrier

Circus cyaneus

BUSARD Saint Martin
Hen Harrier

Circus macrourus

Hieraaetus pennatus

Accipiter nisus

EPERVIER d'Europe
avec Bruant zizi

Sparrow Hawk

Circaetus gallicus

CIRCAETE jean-le-blanc
Short-toed Eagle

Elanus caerulaus

ELANION blanc
Black Winged Hite

Aegypius monachus

VAUTOUR moine
Black Vulture

Gyps fulvus

VAUTOUR fauve
Griffon Vulture

Torgos tracheliotus

VAUTOUR oricou
Lappet faced Vulture

Pandion haliaetus

BALBUZARD pêcheur
Osprey

Falco columbarius

Falco peregrinus

FAUCON pélerin (variété Brookei) avec Becasseau variable
Peregrine with Dunlin

Falco tinnunculus

FAUCON crécerelle
Kestrel

Falco vespertinus

FAUCON Kobez
Red footed Falcon

Falco subbuteo

FAUCON hcbereau
Hobby

Falco peregrinus

FAUCON pélerin et sarcelle d'hiver
Peregrine with Teal

Falco naumanni / Falco rusticolus

FAUCON crécerellette / FAUCON gerfaut
Lesser Kestrel / Gyr Falcon

Otus scops

Asio flammeus

HIBOU des marais
Short-eared Owl

Bubo bubo

HIBOU grand-duc
Eagle Owl

Asio otus

HIBOU moyen-duc
Long-eared Owl

Asio flammeus

Strix aluco

CHOUETTE hulotte grise/rousse
Tawny Owl

Strix aluco

CHOUETTE hulotte
Tawny Owl

Aegolius funereus

CHOUETTE de Tengmalm
Tengmalm's Owl

Athene noctua

CHOUETTE Chevêche
Little Owl

Glaucidium passerinum

CHOUETTE chevêchette
Pygmy Owl

Tyto alba

EFFRAIE des clochers
Barn Owl

Les palmipedes

Alle alle

MERGULE nain
Little Auk

Cepphus grylle

GUILLEMOT à miroir
Black Guillemot

Fratercula arctica

MACAREUX moine
Puffin

Uria aalge

GUILLEMOT de Troïl
Guillemot

Alca impennis

Grand PINGOUIN
Great Auk

Alca torda

PINGOUIN torda
Razorbill

Anser albifrons

OIE rieuse
White-fronted Goose

PALMIPEDES

Branta bernicla

BERNACHE cravant
Brent Goose

Anas platyrhynchos

CANARD colvert
Mallard

Anas strepera

CANARD chipeau
Gadwall

Anas acuta

CANARD pilet
Pintail

Aythya nyroca

FULIGULE nyroca
Ferruginous Duck

Branta leucopsis

BERNACHE nonette
Barnacle Goose

Branta ruficollis

BERNACHE à cou roux
Red-breasted Goose

Melanitta nigra
Melanitta perspicillata
Melanitta fusca

MACREUSE noire
MACREUSE à lunettes
MACREUSE brune

Common Scoter
Surf Scoter
Velvet Scoter

Mergus merganser

HARLE bièvre
Goosander

Melanitta fusca

MACREUSE brune
Velvet Scoter

Anas platyrhynchos

CANARD colvert
Mallard

Anas clypeata

CANARD souchet
Shoveler

Anas penelope

CANARD siffleur
Wigeon

Anser anser

OIE cendrée
Grey Lag Goose

Anser erythropus

OIE naine
Lesser White-fronted Goose

Anser fabalis

OIE des moissons
Bean Goose

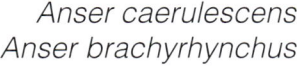

Anser caerulescens
Anser brachyrhynchus

OIE des neiges
OIE à bec court

Snow Goose
Pink-footed Goose

Somateria mollissima

EIDER à duvet
Eider

Somateria spectabilis
Polysticta stelleri
Oxyura leucocephala

EIDER à tête grise
EIDER de Steller
ERISMATURE
à tête blanche

King Eider
Steller's Eider
White headed Duck

Aythya ferina

FULIGULE milouin
Pochard

Aythya fuligula

FULIGULE morillon
Tufted Duck

Aythya marila

FULIGULE milouinan
Scaup

Netta rufina

NETTE rousse
Red-crested Pochard

Bucephala clangula

GARROT à œil d'or
Goldeneye

Anas crecca

SARCELLE d'hiver
Teal

Marmaronetta
angustirostris

SARCELLE
marbrée Marmaronette
Marbled Duck

Anas querquedula

SARCELLE d'été
Garganey

Clangula hyemalis

HARELDE de miquelon
Long tailed Duck

Mergus albellus

HARLE piette
Smew

Mergus serrator

HARLE huppé
Red-breasted Merganser

Tadorna tadorna

TADORNE de Belon
Shelduck

Cygnus cygnus

CYGNE chanteur
Whooper Swan

Cygnus olor

CYGNE tuberculé
Mute Swan

Cygnus columbianus

CYGNE de Bewick
Bewick's Swan

Phalacrocorax carbo

Grand CORMORAN
Great Cormorant

Phalacrocorax aristotelis

CORMORAN huppé
Shag

Phalacrocorax carbo

Grand CORMORAN
Great Cormorant

Gavia arctica

PLONGEON arctique
Black Throated Diver

Gavia immer

PLONGEON imbrin
Great Northern Diver

Gavia stellata

PLONGEON catmarin
Red Throated Diver

Podiceps nigricollis

GREBE à cou noir
Black-necked Grebe

Tachibaptus ruficollis

GREBE castagneux
Little Grebe

Podiceps cristatus

GREBE huppé
Great Crested Grebe

Podiceps grisegena

GREBE jougris
Red necked Grebe

Sula bassana

FOU de Bassan
Gannet

Podiceps auritus

GREBE esclavon
Slavonian (Horned) Grebe

*Oceanodroma
leucorhoa*

OCEANITE culblanc
Leach's Petrel

Hydrobates pelagicus

OCEANITE tempête
Storm Petrel

Puffinus griseus
Puffinus assimilis
Fulmarus glacialis

PUFFIN fuligineux
PETIT Puffin
FULMAR boréal

Sooty Shearwater
Little shearwater
Fulmar

Calonectris diomedea
Puffinus gravis
Puffinus puffinus

PUFFIN cendré
PUFFIN majeur
PUFFIN des anglais

Cory's Shearwater
Great Shearwater
Manx Shearwater

Les echassiers
(et limicoles)

Egretta garzetta

Casmerodius albus
Fulica cristata

Grande AIGRETTE / FOULQUE à crête
Egretta alba / Crested Coot

Ixobrychus minutus

BLONGIOS nain
Little Bittern

Botaurus stellaris

Grand BUTOR
Bittern

Botaurus stellaris

Grand BUTOR
Bittern

Ardea cinerea

HÉRON cendré
Grey Heron

Ardea purpurea

Bubulcus ibis

HÉRON gardeboeuf
Cattle Egret

Ardeola ralloïdes

CRABIER chevelu
Squacco Heron

Nycticorax nycticorax

BIHOREAU gris
Night Heron

Vanellus vanellus

VANNEAU huppé
Lapwing

Pluvialis apricaria

PLUVIER doré
Golden Plover

Pluvialis squatarola

PLUVIER argenté
Grey Plover

Chettusia gregaria

VANNEAU sociable
Sociable Plover

Charadrius morinellus

PLUVIER guignard
Dotterel

Charadrius dubius

Petit GRAVELOT
Little Ringed Plover

*Charadrius
alexandrinus*

GRAVELOT
à collier interrompu

Kentish Plover

Charadrius hiaticula

Grand GRAVELOT
Ringed Plover

Phoenicopterus ruber

FLAMANT rose
Flamingo

Ciconia ciconia

CIGOGNE blanche
White Stork

Ciconia nigra

CIGOGNE noire
Black stork

Tetrax tetrax

OUTARDE canepetière
Little Bustard

Otis tarda

Grande outarde
Great Bustard

Burhinus oedicnemus

OEDICNEME criard
Stone-Curlew

Platalea lecorodia

SPATULE blanche
Spoonbill

*Haematopus
ostralegus*

HUITRIER pie
Oystercatcher

Plegadis falcinellus

IBIS falcinelle
Glossy Ibis

Recurvirostra avocetta

AVOCETTE
Avocet

Himantopus himantopus

ECHASSE blanche
Black-winged Stilt

Stercorarius skua

Grand LABBE
Great Skua

Stercorarius pomarinus
Stercorarius parasiticus
Stercorarius longicaudus

LABBE pomarin
LABBE parasite
LABBE à longue queue

Pomarin Skua
Arctic Skua
Long-tailed Skua

Larus ridibundus

MOUETTE rieuse
Black-headed Gull

Larus argentatus

GOELAND argenté
Herring Gull

Larus minutus

MOUETTE pygmée
Little Gull

Larus fuscus

GOELAND brun
Lesser Black-backed Gull

Larus sabini

MOUETTE de Sabine
Sabine's Gull

Larus cachinnans

GOELAND leucophée
Yellow legged Gull

Larus canus

GOELAND cendré
Common Gull

Larus marinus

GOELAND marin
Great Black-backed Gull

Larus hyperboreus	GOELAND bourgmestre	Glaucous Gull
Larus philadelphia	MOUETTE de Bonaparte	Bonaparte's Gull
Pagophila eburnea	MOUETTE ivoire	Ivory Gull
Rhodostethia rosea	MOUETTE de Ross	Ross's Gull

Larus genei   GOELAND railleur   *Slender billed Gull*
Larus audouinii   GOELAND d'Audoin   *Audouin's Gull*
Larus melanocephalus   MOUETTE mélanocéphale   *Mediterranean Gull*
Rissa tridactyla   MOUETTE tridactyle Kittiwake   *Kitiwake*

Glareola pratincola

GLAREOLE à collier
Pratincole

Cursorius cursor

COURVITE isabelle
Cream-coloured Courser

Sterna albifrons

STERNE naine
Little Tern

Sterna hirundo

STERNE pierre-garin
Common Tern

Sterna dougallii

STERNE de Dougall
Roseate Tern

Chlidonias hybridus

GUIFETTE moustac
Whiskered Tern

Sterna paradisaea

STERNE arctique
Arctic Tern

Gelochelidon nilotica

STERNE hansel
Gull-billed Tern

Sterna caspia

STERNE caspienne
Caspian Tern

Chlidonias leucopterus

GUIFETTE leucoptère
White-winged Black

Sterna sandvicensis

STERNE caugek
Sandwich Tern

Chlidonias niger

GUIFETTE noire
Black Tern

Fulica atra

FOULQUE macroule
Coot

Gallinula chloropus

POULE d'eau
Moorhen

Porzana pusilla

MAROUETTE de Baillon
Baillon's Crake

Porzana parva

MAROUETTE poussin
Little Crake

Porzana porzana

MAROUETTE ponctuée
Spotted Crake

Grus grus

GRUE cendrée
Crane

Rallus aquaticus

RÂLE d'eau
Water Rail

Crex crex

RÂLE des genêts
Corncrake

Phalaropus lobatus

PHALAROPE à bec étroit
Red-necked Phalarope

Philomachus pugnax

COMBATTANT varié
Ruff

Actitis hypoleucos

CHEVALIER guignette
Common Sandpiper

Tringa nebularia

CHEVALIER aboyeur
Greenshank

Tringa erythropus

CHEVALIER arlequin
Spotted Redshank

Tringa glareola

CHEVALIER sylvain
Wood Sandpiper

Tringa ochropus

CHEVALIER culblanc
Green Sandpiper

Tringa totanus

CHEVALIER gambette
Redshank

Tringa stagnatilis

CHEVALIER stagnatile
Marsh Sandpiper

Calidris alba

BECASSEAU sanderling
Sanderling

Calidris alpina

BECASSEAU variable
Dunlin

Calidris temminckii

BECASSEAU
de Temminck
Temminck's Stint

Limicola falcinellus

BECASSEAU falcinelle
Broad-billed Sandpiper

Calidris canutus

BECASSEAU maubèche
Knot

Calidris ferruginea

BECASSEAU cocorli
Curlew Sandpiper

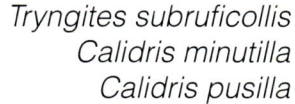

Tryngites subruficollis
Calidris minutilla
Calidris pusilla

BECASSEAU rousset
BECASSEAU minuscule
BECASSEAU semipalmé

Buff-breasted Sandpiper
Least Sandpiper
Semi-palmated Sandpiper

Calidris alpina

BECASSEAU variable
Dunlin

Calidris minuta

BECASSEAU minute
Little Stint

Calidris maritima

BECASSEAU violet
Purple Sandpiper

Lymnocryptes minimus

BECASSINE sourde
Jack Snipe

Gallinago media

BECASSINE double
Great Snipe

Gallinago gallinago

BECASSINE des marais
Snipe

Scolopax rusticola

BECASSE des bois
Woodcock

Arenaria interpres

TOURNEPIERRE à collier
Turnstone

Limosa limosa

BARGE à queue noire
Black-tailed Godwit

Limosa lapponica

BARGE rousse
Bar-tailed Godwit

Xenus cinereus

BARGETTE cendrée
Terek Sandpiper

Phalaropus fulicarius

PHALAROPE à bec large
Grey Phalarope

Numenius phaeopus

COURLIS corlieu
Whimbrel

Numenius arquata

COURLIS cendré
Curlew

Numenius tenuirostris

COURLIS à bec grêle
Slender-billed Curlew

Les colombins

Columba oenas

PIGEON colombin
Stock Dove

Columba palumbus

Streptopelia turtur

TOURTERELLE des bois
Turtle Dove

Columba palumbus

PIGEON ramier
Wood Pigeon

Columba livia

PIGEON biset
Rock Dove

Les gallinaces

Alectoris rufa

PERDRIX rouge
Red-legged Partridge

Phasianus colchicus

FAISAN de Colchide
Pheasant

Alectoris graeca

PERDRIX bartavelle
Rock Partridge

Perdix perdix

PERDRIX grise
Partridge

Coturnix coturnix

CAILLE des blés
Quail

Perdix perdix

PERDRIX grise
Partridge

Pterocles alchata

GANGA cata
Pin-tailed Sandgrouse

Syrrhaptes paradoxus

SYRRHAPTE paradoxal
Palla's Sandgrouse

Lagopus mutus

LAGOPEDE alpin
Ptarmigan

*Lagopus mutus
pyrenaicus*

LAGOPEDE
des Pyrénées
Pyrenée's Rock

Bonasa bonasia

GELINOTTE des bois
Hazel Grouse

Tetrao tetrix

TETRAS lyre
Black Grouse

Tetrao urogallus

Grand TETRAS
Capercaillie

Les grimpeurs

Cuculus canorus

COUCOU gris
Cuckoo

Cuculus canorus

COUCOU gris
Cuckoo

Clamator glandarius

COUCOU-GEAI
Great Spotted Cuckoo

Certhia brachydactyla

GRIMPEREAU des jardins
Short-toed Tree Creeper

Certhia familiaris

GRIMPEREAU des bois
Tree Creeper

Picus viridis

PIC vert
Green Woodpecker

Picus viridis

PIC vert
Green Woodpecker

Dendrocopos medius

Dendrocopos leucotos

PIC à dos blanc
White-backed Woodpecker

Dendrocopos major

PIC épeiche
Great spotted woodpecker

Jynx torquilla

TORCOL fourmilier
Wryneck

Picus canus

Picoides tridactylus

PIC tridactyle
Threetoed Woodpecker

Dryocopus martius

Jeune Pic
Epeiche

Jeunes Pics-Verts
dans un trou de Pommier
opposé à celui où l'Epeichette
nourrissait ses petits à la même
date 29 mai 1940, Brousse de
charmes de Vausson Barge
(Ltch)

Roger Reboussin
29 mai 1940

Divers   PICS (divers)

Dendrocopos minor

PIC épeichette
Lesser spotted woodpecker

Tichodroma muraria

TICHODROME échelette
Wallcreeper

Sitta europae

SITTELLE torchepot
Nuthatch

Les passereaux

Galerida cristata

COCHEVIS huppé
Crested Lark

Alauda arvensis

ALOUETTE des champs
Sky Lark

Calandrella
brachydactyla
Galerida theklae

ALOUETTE calandrelle
COCHEVIS de Thekla
Short toed Lark
Thekla Lark

Lullula arborea

ALOUETTE lulu
Wood Lark

Eremophila alpestris

ALOUETTE haussecol
Shore Lark

Melanocorypha calandra
Melanocorypha yeltoniensis

ALOUETTE calandre
ALOUETTE nègre
Calandra Lark
Black Lark

Aegithalos caudatus

MESANGE à longue queue
Long-tailed Tit

Aegithalos caudatus

MESANGE à longue queue
Long-tailed Tit

Alcedo atthis

MARTIN-PECHEUR
Kingfisher

Apus melba

MARTINET à ventre blanc
Alpine Swift

Apus apus

MARTINET noir
Swift

Delichon urbica

HIRONDELLE
de fenêtre

House Martin

Ptyonoprogne rupestris

HIRONDELLE des
rochers

Crag Martin

Riparia riparia

HIRONDELLE
de rivage
Sand Martin

Hirundo rustica

HIRONDELLE
de cheminée
Swallow

Apus palidus / Hirundo daurica / Ficedula parva　　MARTINET pâle / HIRONDELLE rousseline / GOBEMOUCHE nain
Pallid Swift / Swallow / Red-breasted flycatcher

Bombycilla garrulus

Cinclus cinclus

CINCLE plongeur
Dipper

Oriolus oriolus

LORIOT d'Europe
Golden Oriole

Coracias garrulus

ROLLIER d'Europe
Roller

Pyrrhocorax graculus

CHOCARD à bec jaune
Alpine Chough

Cyanopica cyana

PIE bleue
Azure-winged Magpie

Corvus monedula

CHOUCAS des tours
Jackdaw

Garrulus glandarius

GEAI des chênes
Jay

*Nucifraga
caryocatactes*

CASSENOIX moucheté
Nutcracker

Nucifraga macrorhynchus

CASSENOIX moucheté
(variété siberienne)

Nutcracker

Corvus corone cornix

CORNEILLE mantelée
Crow

Pyrrhocorax pyrrhocorax

CRAVE à bec rouge
Chough

Corvus frugilegus

CORBEAU freux
Rook

Corvus corax

Grand CORBEAU
Raven

Pica pica

PIE bavarde
avec
CHOUETTE hulotte

*Magpie with
tawny Owl*

Corvus corone

CORNEILLE noire
Crow

Calcarius lapponicus

BRUANT lapon
Lapland Bunting

Plectrophenax nivalis

BRUANT des neiges
Snow Bunting

Emberiza cirlus

BRUANT zizi
Cirl Bunting

Emberiza hortulana

BRUANT ortolan
Ortolan Bunting

Emberiza schoeniclus

BRUANT des roseaux
Reed Bunting

Emberiza citrinella   BRUANT jaune   *Yellowhammer*

Emberiza caesia	BRUANT cendrillard	*Cretzschmar's Bunting*
Emberiza rustica	BRUANT rustique	*Rustic Bunting*
Emberiza melanocephala	BRUANT mélanocéphale	*Black-headed Bunting*
Emberiza leucocephalos	BRUANT à calotte blanche	*Pine Bunting*
Emberiza pusilla	BRUANT nain	*Little Bunting*

Miliaria calandra

BRUANT proyer
Corn Bunting

Emberiza cia

BRUANT fou
Rock Bunting

Carduelis cannabina

LINOTTE mélodieuse
Linnet

Carduelis flavirostris

LINOTTE à bec jaune
Twite

Carduelis chloris

VERDIER d'Europe
Greenfinch

Fringilla montifringilla

PINSON du nord
Brambling

Fringilla coelebs

PINSON des arbres
Chaffinch

Loxia curvirostra

BECCROISE des sapins
Crossbill

Loxia leucoptera

BECCROISE bifascié
Two-barred Crossbill

Pyrrhula pyrrhula

BOUVREUIL pivoine
Bullfinch

Pyrrhula pyrrhula

Carduelis flammea

SIZERIN flammé
Redpoll

Carduelis flammea

Serinus serinus   SERIN cini   *Serin*
Serinus citrinella   VENTURON montagnard   *Citril Finch*
Carduelis chloris   VERDIER d'Europe   *Greenfinch*

Carduelis spinus　　　　　　　TARIN des aulnes　　　　　　　*Siskin*

Carpodacus erythrinus

ROSELIN cramoisi
Scarlet Rosefinch

Pinicola enucleator

DURBEC des sapins
Pine Grosbeak

Carduelis carduelis

CHARDONNERET élégant
Goldfinch

Coccothraustes coccothraustes

GROSBEC casse-noyaux
Hawfinch

Caprimulgus europaeus

ENGOULEVENT d'Europe
Nightjar

Merops superciliosus	GUEPIER De Perse	*Blue-cheeked Bee-eater*
Caprimulgus ruficollis	ENGOULEVENT à collier roux	*Red necked Nightjar*
Sitta whiteheadi	SITTELLE corse	*Corsican Nutchatch*
Sylvia sarda	FAUVETTE sarde	*Marmora's Warbler*

Lanius excubitor

PIE GRIECHE grise
Great Grey Shrike

Lanius minor

PIE GRIECHE
à poitrine rose
Lesser Grey Shrike

Lanius excubitor

PIE GRIECHE grise
Great Grey Shrike

Lanius senator

Lanius collurio

Merops apiaster

GUEPIER d'Europe
Bee-eater

Panurus biarmicus

PANURE à moustaches
Bearded Tit

Anthus petrosus

PIPIT maritime
Rock Pipit

Anthus richardi

PIPIT de Richard
Richard's Pipit

Anthus pratensis

PIPIT farlouse
Meadow Pipit

Anthus campestris

PIPIT rousseline
Tawny Pipit

Anthus trivialis

PIPIT des arbres
Tree Pipit

Anthus cervinus

PIPIT à gorge rousse
Red-throated Pipit

Anthus spinoletta

PIPIT spioncelle
Water Pipit

Motacilla flava

BERGERONNETTE printanière
Yellow Wagtail

Motacilla flava

BERGERONNETTE printanière (race Ibérique et race flavéole)
Yellow Wagtail

Motacilla cinerea

BERGERONNETTE des ruisseaux
Grey Wagtail

Motacilla flava

BERGERONNETTE printanière à tète noire (race Thunbergi)
Yellow Wagtail

Motacilla alba

BERGERONNETTE grise
White Wagtail

Motacilla alba

BERGERONNETTE grise
White Wagtail

Muscicapa striata

GOBEMOUCHE gris
Spotted Flycatcher

Ficedula hypoleuca

Ficedula albicollis

GOBEMOUCHE à collier
Collared Flycatcher

Remiz pendulinus

REMIZ penduline
Penduline Tit

Parus palustris

MÉSANGE nonnette
Marsh Tit

Parus cristatus

MÉSANGE huppée
Crested Tit

Parus montanus

MÉSANGE boréale (variété alpestre)
Willow Tit

Parus ater

MÉSANGE noire
Coal Tit

Parus montanus

MÉSANGE boréale
Willow Tit

Parus caeruleus

MÉSANGE bleue
Blue Tit

Parus major

MÉSANGE charbonnière
Great Tit

Petronia petronia

MOINEAU soulcie
Rock Sparrow

Passer domesticus

MOINEAU domestique
House Sparrow

Montifringilla nivalis

NIVEROLLE
Snow Finch

Passer montanus

MOINEAU friquet
Tree Sparrow

Roger Reboussin
1955

45

Passer domesticus

MOINEAU domestique
House Sparrow

Upupa epops

HUPPE fasciée
Hoopoe

Prunella modularis

ACCENTEUR mouchet
Dunnock (Hedge-Sparrow)

Prunella collaris

ACCENTEUR alpin
Alpine Accentor

Prunella modularis

ACCENTEUR mouchet (variété occidentale)
Dunnock (Hedge-Sparrow)

Sturnus vulgaris

ETOURNEAU sansonnet
Starling

Sturnus unicolor / Sturnus roseus

ETOURNEAU unicolore / MARTIN ROSELIN
Spotless Starling / Rose-coloured Starling

Troglodytes troglodytes

TROGLODYTE
Wren

Sylvia undata

FAUVETTE pitchou
(variété provençale)

Dartford Warbler

Sylvia undata

FAUVETTE pitchou
(variété bretonne)

Dartford Warbler

Regulus regulus

ROITELET huppé
Goldcrest

Regulus ignicapillus

ROITELET triple bandeau / MESANGE / PIC
Firecrest

Cettia cetti

Bouscarle de Cetti
Cetti's Warbler

Cisticola juncidis

CISTICOLE des joncs
Fantailed Warbler

Acrocephalus arundinaceus

ROUSSEROLLE turdoïde
Great Reed Warbler

Acrocephalus palustris

ROUSSEROLLE verderolle
Marsh Warbler

Acrocephalus scirpaceus

*Acrocephalus
paludicola*

PHRAGMITE
aquatique

Aquatic Warbler

*Acrocephalus
schoenobaenus*

PHRAGMITE
des joncs

Sedge Warbler

Hippolais icterina

Hippolais polyglotta

HYPOLAIS polyglotte
Mélodius Warbler

Sylvia curruca

FAUVETTE babillarde
Lesser Whitethroat

Sylvia communis

FAUVETTE grisette
Whitethroat

Sylvia conspicillata

FAUVETTE à lunettes
Spectacled Warbler

Sylvia cantillans

FAUVETTE passerinette
Subalpine Warbler

Sylvia atricapilla

FAUVETTE à tête noire
Blackcap

Sylvia borin

FAUVETTE des jardins
Garden Warbler

Sylvia hortensis

FAUVETTE orphée
Orphean Warbler

Sylvia nisoria

FAUVETTE épervière
Barred Warbler

Phylloscopus sibilatrix

POUILLOT siffleur
Wood Warbler

Phylloscopus bonelli

POUILLOT de Bonelli
Bonelli's Warbler

Phylloscopus trochilus

Phylloscopus collybita

POUILLOT véloce
Chiffchaff

Locustella naevia

LOCUSTELLE tachetée
Grasshopper Warbler

Acrocephalus melanopogon

LUSCINIOLE à moustaches
Moustached Warbler

Locustella luscinioides

LOCUSTELLE luscinoïde
Savi's Warbler

Turdus merula

MERLE noir
Blackbird

Monticola saxatilis   MERLE de roche   *Rock Thrush*

Zoothera sibirica	GRIVE de Sibérie	*Siberian Thrush*
Turdus naumanni	GRIVE de Naumann	*Naumann's Thrush*
Turdus obscurus	GRIVE obscure	*Eye-browed Thrush*
Turdus ruficollis	GRIVE à gorge rousse	*Black throated Thrush*

Turdus torquatus

MERLE à plastron
Ring Ouzel

Turdus torquatus

MERLE à plastron (variété alpestre)
Ring Ouzel

Monticola solitarius

MERLE blue
Blue Rock Thrush

Erithacus rubecula

ROUGEGORGE familier
Robin

Saxicola torquata

TRAQUET pâtre (variété hibernans)
Stonechat

Saxicola torquata

TRAQUET pâtre (variété rubicola)
Stonechat

Saxicola rubetra

TRAQUET tarier
Whinchat

Oenanthe leucura

TRAQUET rieur
Black Wheatear

Oenanthe hispanica

TRAQUET oreillard
Black-eared Wheatear

Oenanthe oenanthe

TRAQUET motteux (race leucorhoa)
Wheatear

Oenanthe oenanthe

TRAQUET motteux
Wheatear

Luscinia calliope
Oenanthe leucura

ROSSIGNOLE calliope / TRAQUET rieur
Siberian Ruby Throat / Black Wheatear

*Cercothrichas
galactotes*

AGROBATE roux
Rufous Bush Robin

Luscinia svecica

GORGEBLEUE
à miroir blanc

Bluethroat

Luscinia avecica

GORGEBLEUE à miroir roux
Bluethroat

Luscinia megarhynchos

ROSSIGNOL philomèle
Nightingale

Phoenicurus ochruros

ROUGEQUEUE noir
Black Redstart

Phoenicurus phoenicurus

ROUGEQUEUE à front blanc
Redstart

Zoothera dauma

GRIVE dorée
White's Thrush

Turdus pilaris

GRIVE litorne
Fieldfare

Turdus viscivorus

GRIVE draine
Mistle thrush

Turdus philomelos

GRIVE musicienne
Song Thrush

Turdus iliacus

GRIVE mauvis
Redwing

AUTRES ESPECES EUROPEENNES
non considérées comme françaises
ou inconnues en 1965 et donc,
non représentées par Roger REBOUSSIN

RAPACES:

EPERVIER à pieds courts
AIGLE pomarin
AIGLE des steppes
FAUCON d'Eléonore
FAUCON lanier
FAUCON sacre
CHOUETTE harfang
CHOUETTE épervière
CHOUETTE de l'Oural
CHOUETTE lapone

PALMIPEDES:

PLONGEON à bec blanc
OCEANITE de Wilson
CORMORAN pygmée
PELICAN blanc
PELICAN frisé
TADORNE casarca
GARROT arlequin
GARROT d'Islande
GUILLEMOT de brunnich

ECHASSIER et LIMICOLES:

BUTOR américain
PORPHYRION bleu
GLAREOLE à ailes noires
VANNEAU éperonné

COLOMBINS:

TOURTERELLE turque
TOURTERELLE des palmiers

GALLINACEES:

LAGOPEDE des saules
PERDRIX choucar
PERDRIX gambra
TURNIX d'Andalousie
GANGA unibande

GRIMPEURS:

SITTELLE naine
SITTELLE des rochers

PASSEREAUX:

MARTINET cafre
SIRLI de Dupont
ALOUETTE pispolette
ROSSIGNOL progné
TRAQUET isabelle
TRAQUET pie
LOCUSTELLE fluviatile
ROUSSEROLLE des buissons
HYPOLAIS pâle
HYPOLAIS russe
HYPOLAIS des oliviers
FAUVETTE mélanocéphale
FAUVETTE masquée
POUILLOT verdâtre
POUILLOT boréal
GOBEMOUCHE à demi-collier
MESANGE lugubre
PIE-GRIECHE masquée
MESANGEAI imitateur
MOINEAU espagnol
BECCROISE d'Ecosse
BECCROISE perroquet
BOUVREUIL githagine
BRUANT cendré

Les oiseaux de France au musée de la Chasse et de la Nature

The birds of France in the Musée de la Chasse et de la Nature

La remarquable série de planches gouachées que Marcel Jeanson destinait à l'illustration des Oiseaux de France, a été récemment donnée par ses héritiers au Musée de la chasse et de la nature. L'œuvre, unique en son genre, trouve parfaitement sa place dans ce musée qui, comme l'institut cynégétique du domaine de Bel-Val ou le Club de la Maison de la chasse et de la nature, est l'une des composantes de la fondation instituée en 1964 par François Sommer (1904-1973).

De nombreux traits communs rapprochent François Sommer et Marcel Jeanson. Certes celui-ci est père de neuf enfants alors que celui-là ne laisse pas de descendance. Mais, grands industriels l'un et l'autre, ils partagent le goût de la chasse et celui de la collection ; caractère plus exceptionnel, ils sont tous deux d'authentiques mécènes. Ainsi que le généreux initiateur des Oiseaux de France, François Sommer a la volonté de promouvoir une éthique de la chasse, respectueuse de la faune et soucieuse de préserver les espèces menacées. " De nos jours, les Nemrods dignes de ce nom ont compris combien il était stupide de tuer pour tuer…le sport doit se discipliner ". Les mots que Marcel Jeanson destinait à la préface de cet ouvrage, auraient pu, tout aussi bien, se retrouver sous la plume de François Sommer. Le fondateur de la Maison de la chasse et de la nature, s'intéresse particulièrement au grand gibier et milite pour sa protection, tant en Afrique, avec l'organisation de réserves, qu'en France où il œuvre pour la création d'un ministère chargé de l'Environnement. Son action est particulièrement remarquable dans le domaine de la réglementation

The remarkable series of gouache paintings which Marcel Jeanson commissioned to illustrate "Les Oiseaux de France" has recently been given by his heirs to the Musée de la Chasse et de la Nature. This unique work fits perfectly in the Museum which, formally the Institut Cynegetique du Domaine de Bel-Val and the Club de la Maison de la Chasse et de la Nature, is one of the parts of the foundation created by François Sommer (1904 - 1973).

François Sommer and Marcel Jeanson had many interests in common. Although one had no children and the other had nine, they were both captains of industry who shared a love of field sports and of collecting. Even more remarkable they were both true sponsors. Like Jeanson, Sommer promoted an ethic of hunting, respecting game and conserving endangered species. "These days Nimrods worthy of the name understand fully that it is stupid to kill for the sake of killing's sport must be disciplined". These words of Marcel Jeanson, in the preface to this work, could equally have come from the pen of François Sommer. The Founder of the Maison de la Chasse et de la Nature was particularly interested in big game and fought for their protection both in Africa with the organisation of Game Reserves and in France where he worked for the creation of a Ministry of the Environment. His work was particularly notable in the regulation of hunting where

de la chasse, les réformes qu'il inspire permettant le spectaculaire essor des cervidés sur notre territoire.

Plus qu'aucun autre, François Sommer est convaincu que la chasse est un moyen privilégié de connaissance de la nature. Le chasseur aime et observe le gibier qu'il traque. Il a le souci d'en pérenniser le souvenir, que ce soit à travers les trophées de chasse ou par le biais de représentations artistiques. Et François Sommer conçoit son musée comme la maison idéale d'un chasseur..

A l'origine, les collections sont constituées de ses acquisitions personnelles et de celles de son épouse Jacqueline, enrichies par des dépôts des grandes institutions nationales. Elles illustrent le thème de la chasse dans la civilisation. L'art animalier, indépendamment de tout contexte cynégétique, y est aussi présent avec l'œuvre de peintres et de sculpteurs renommés, sachant traduire leur émotion face à la nature d'une manière intemporelle. François Sommer est également sensible à l'art de son temps. Il a le souci de réserver dans les collections du musée, à côté des Rubens, Chardin, Desportes et autres grands noms de l'histoire de l'art, une place aux artistes apportant un regard contemporain sur l'univers de la chasse et sur le monde animal. Avant la donation des planches destinées aux Oiseaux de France, Reboussin était déjà présent au Musée de la chasse et de la nature, avec les ouvrages qu'il a illustrés et à travers des gouaches représentant des fauves ou des oiseaux.

Roger Reboussin naît dans le Perche, à Sargé, le 11 octobre 1881, dans un contexte rural qui influence son goût pour la nature. La faune sauvage, il la découvre en chassant et s'initie au dessin auprès d'un vieux maître du lycée. Venu à Paris à 17 ans, il fréquente le Jardin des Plantes et la bibliothèque du Muséum. L'oeuvre du grand animalier Audubon l'impressionne particulièrement. L'artiste s'y montre soucieux de la mise en scène, et à côté de la représentation de l'animal, évoque le contexte de son habitat naturel. Reboussin est sensible à cette approche originale parmi les illustrateurs d'ouvrages zoologiques et saura s'en souvenir. Il ressent déjà l'appel d'une carrière artistique, mais son père ne l'entend pas ainsi et le destine à reprendre la tannerie familiale. Voici Reboussin envoyé au Havre pour y suivre les cours de l'Ecole de Commerce. En marge de cet enseignement, il continue de pratiquer le dessin

the reforms he inspired have led to the spectacular recovery of game animals in France.

Above all François Sommer was convinced that hunting was the best way to get to know nature. The true huntsman respects and understands his quarry and he remembers them in hunting trophies and works of art. That is exactly how François Sommer conceived his museum: as the ideal home of a huntsman. To begin with the collection was made up of his own acquisitions and those of his wife Jacqueline enriched by the donations of the great national institutions. They illustrate the role of hunting in civilisation. Irrespective of scientific context, the wildlife paintings and sculptures of renowned artists demonstrate the timeless impact of nature on our emotions.

François Sommer was equally sensitive to the art of his own time. Alongside the works of Rubens, Chardin, Desportes and other great names in the history of art he took care to include the work of artists with a contemporary view of the animal world and hunting in the museum collection.

Before the donation of the paintings "Les Oiseaux de France", Reboussin was already represented in the Musée de la Chasse et de la Nature with both book illustrations and gouaches of animals and birds.

Roger Reboussin was born on the 11th October 1881 at Sargé in Le Perche. He came from a rural background which gave him his taste for nature. He discovered wildlife through hunting, and was taught to draw by an old school master. Coming to Paris at the age of 17, he frequented the Jardin des Plantes and the Museum library. The work of the great animal painter Andubon made a particular impression: with his feeling for background, in addition to depicting the creature itself, he evoked its natural habitat. Reboussin was struck by this approach, unique among illustrators of zoological works, and remembered it. He already felt an artistic vocation, but his father would not hear of it, expecting him instead to take over the family tannery, so Reboussin was sent to Le Harve to do a course at the Ecole de Commerce. In his spare time however he continued to study, drawing under

avec un professeur qui lui fait découvrir l'univers d'un animalier suédois contemporain, Bruno Liljefors. Ce dernier développe un art personnel et dramatique où la tension de l'animal s'exprime dans le traitement du paysage environnant. Reboussin tiendra, bien plus tard, à le rencontrer, reconnaissant ainsi l'existence d'une dette artistique.

Mais il ne peut résister plus longtemps à sa vocation et, au risque de déplaire à son père, renonce à la carrière industrielle à laquelle celui-ci le destinait. Le voici à Paris parmi les rapins dont il ne partage certes pas le tempérament. Timide et d'un abord réservé, il ne se départira jamais d'une certaine raideur. Il peut écrire plus tard : " Je suis un peintre propre. Je travaille toujours en veston, jamais en blouse et je ne me tache pas ". Au demeurant, c'est un enseignement bien académique qu'il recueille auprès de maîtres tels que Charles Herrmann-Léon, peintre réputé pour ses scènes de chasse d'une scrupuleuse exactitude. Reboussin suit aussi les cours de l'Académie Julian et fréquente les ateliers de Jules Lefebre et de Tony Robert-Fleury, qui demeurent résolument sourds aux séductions du modernisme.

Reboussin sera peintre animalier. C'est sous cette bannière qu'il fait ses débuts au Salon en 1907 avec une monumentale représentation de taureau qui lui vaut une mention honorable. Désormais, il expose régulièrement à Paris : Salon des artistes animaliers de 1913 à 1939, Exposition internationale de Paris de 1937 où il reçoit une médaille d'or, expositions personnelles chez Georges Petit, Bernheim, Jean Charpentier, qui lui valent un réel succès, notamment auprès d'un public de chasseurs.

L'étude directe de la nature compète sa formation académique, à travers les nombreux voyages qu'il effectue en Europe centrale, dans les Pays scandinaves, en Laponie, ou en Afrique équatoriale.

Son talent s'exprime dans différents registres, peinture et dessin, mais également sculpture ou illustration d'ouvrages. La reconnaissance de son talent lui vaut certaines commandes publiques : décorations du lycée Buffon à Paris (1924), mairie de Blois, frises de l'Exposition coloniale de Paris (1931), ou de l'Exposition universelle de Bruxelles (1958), Grand Conseil de Brazzaville (1951), etc…

Dans la représentation de l'animal, il développe deux aspects

a professor who introduced him to the work of a contemporary Swedish artist, Bruno Liljefors. Liljefors had developed a personal and dramatic style, in which the animal is brought to life through the treatment of its surroundings. Much later Reboussin managed to meet him, recognising his own artistic debt.Reboussin could no longer resist his vocation and risking his father's displeasure, renounced the industrial career to which he had been sentenced. He found himself back in Paris among art students whose temperament he certainly did not share. Shy and reserved, he never lost a certain style. As he wrote later "I am a smart painter. I always work in my jacket never in a smock, and I don't splash myself." Eventually he achieved an academic influence under masters such as Charles Hermann-Léon, a painter renowned for his scrupulously exact hunting scenes. Reboussin also studied at L'Académie Julian, and frequented the studio of Jules Lefebre and Tony Robert-Fleury who remained resolutely deaf to the seduction of modernism.

Reboussin was to be an animal painter. It was under this banner that he made his debut at the Salon of 1917 with a monumental representation of a bull, which earned him an honourable mention. Thereafter he exhibited regularly in Paris; at the Salon des Artists Animaliers from 1913 to 1939; at the Paris International Exhibition in 1937 at which he won a Gold Medal; and individual exhibitions at the galleries of George Petie, Bernheim and Jean Charpentier which brought him real success notably among the hunting public The direct study of nature completed his academic education with numerous field trips in Central Europe, Scandinavia, Lapland and equatorial Africa.

He worked in a variety of media, not only painting and drawing but also sculpture and book illustration. With recognition of his talent came various public commissions: decoration of the Lycée Buffon in Paris (1924), decoration of the Town Hall of Blois and friezes for the Paris Colonial Exhibition (1931), the Universal Exhibition of Brussels (1958), the Great Council of Brazzaville (1951) etc. etc.

In his work Reboussin developed two aspects which

qui font sa spécificité par rapport aux autres artistes animaliers: la figuration du mouvement et l'expression du mimétisme.

Au prix d'un immense travail, études sur le vif, croquis en atelier inlassablement repris, Reboussin parvient à animer ses modèles. Il développe ainsi une étonnante mémoire visuelle qui, de manière saisissante, lui permet de reproduire à posteriori tel envol de sarcelles, tel autour fondant sur sa proie. Au besoin, il n'hésite pas à pratiquer quelques entorses aux règles établies, mettant jusqu'à deux paires d'ailes à ses canards pour mieux exprimer leur vol. Rodin lui-même appréciait son dessin " en mouvement ".

Par ailleurs, Reboussin veut exprimer la symbiose entre l'animal et son biotope, aussi ses œuvres laissent-elles une place inaccoutumée à la représentation de l'environnement paysager, au risque de déconcerter le spectateur qui doit parfois y chercher l'animal camouflé. Dans les livres qu'il écrit comme Nature aux cent visages, il énonce les enjeux qu'il a fixé à son art. Il définit L'oiseau chez lui comme " une série de synthèses scientifiques et artistiques montrant la physionomie des associations d'oiseaux en harmonie avec leurs sites d'élection ".

Cette volonté de synthèse scientifique et artistique lui permet d'enseigner le dessin au Muséum d'histoire naturelle où il succède à une lignée d'artistes comme Barye, Frémiet ou Mérite. Elle le prédispose à exécuter la grande oeuvre des Oiseaux de France que lui commande Marcel Jeanson en 1935.

Une grande homogénéité caractérise l'ensemble de ces planches dont l'exécution s'est échelonnée sur plus de trente années. Elle témoigne de la personnalité de l'artiste qui a su, avec un si grand laps de temps, conserver l'unité du projet. La série ainsi constituée, satisfait aussi bien le spectateur soucieux de mieux connaître la nature, que l'amateur d'art qui composent le public du Musée de la chasse et de la nature.

distinguish him from other animal artists: the depiction of movement and of camouflage.

Through immense homework, life studies and tireless sketching in his studio, Reboussin managed to bring his subjects to life. He developed an astonishing visual memory which enabled him in a striking way to reproduce later the flight of teals or the hawk steeping on its prey. If necessary he did not hesitate to bend established rules, giving his ducks up to 2 pairs of wings to better express their flight. Rodin himself praised his drawing of movement.

Above all, Reboussin sought to express the synergy between the animal and its habitat; to such an extent that in his work the countryside is so dominate that the disconcerted viewer has to search for the camouflaged creature. In books like "Nature aux cent visages" he enunciates this interplay which he expressed in his art. He described "L'Oiseau chez lui" as a series of scientific and artistic syntheses, showing the physiognomy of groups of birds in harmony with their habitats.

This love for the scientific and artistic syntheses led him to give his drawing to the Natural History Museum, where he joined a succession of artists such as Barye, Frémiet and Mérite. It also led him to execute his masterpiece "Les Oiseaux de France" which Marcel Jeanson commissioned in 1935.

Great unity characterises this collection of paintings, though it spans more than 30 years. It testifies to the genius of the artist that despite such great lapses of time he could preserve the unity of the project. The whole series thus satisfies equally the nature and art lovers who constitute the public of the Musée de la Chasse et de la Nature.

Claude d'Anthenaise
Conservateur du Musée de la
Chasse et de la Nature

Claude d'Anthenaise
Curator of the Musée de la
Chasse et de la Nature

Genre et espèce	Famille	Commentaires	N° page
ACCENTEUR alpin	PRUNELLIDAE		292
ACCENTEUR mouchet	PRUNELLIDAE	♂	291
ACCENTEUR mouchet	PRUNELLIDAE	var occidental	293
AGROBATE roux	TURDIDAE	ou Agrobate rubigineux R	339
AIGLE botté	ACCIPITRIDAE	jHD adB	36
AIGLE criard	ACCIPITRIDAE	imm H adB R	27
AIGLE de bonelli	ACCIPITRIDAE	ou Aigle à queue barrée jG adB	25
AIGLE impérial	ACCIPITRIDAE	R	24
AIGLE royal	ACCIPITRIDAE	♀	26
AIGLE royal	ACCIPITRIDAE		22
AIGRETTE garzette	ARDEIDAE		102
ALOUETTE calandre	ALAUDIDAE	♂B R	205
ALOUETTE calandrelle	ALAUDIDAE	BG	204
ALOUETTE des champs	ALAUDIDAE	♂H ♀B	203
ALOUETTE haussecol	ALAUDIDAE	ou Alouette oreillarde ♂G ♀D R	205
ALOUETTE lulu	ALAUDIDAE	♂	204
ALOUETTE nègre	ALAUDIDAE	♂H R	205
AUTOUR des palombes	ACCIPITRIDAE	♀ avec Canard souchet	31
AUTOUR des palombes	ACCIPITRIDAE	♂	29
AVOCETTE	RECURVIROSTRIDAE	ou Avocette à manteau noir	145
BALBUSARD pêcheur	PANDIONIDAE	ou Balbusard fluviatile	42
BARGE à queue noire	SCOLOPACIDAE		162
BARGE rousse	SCOLOPACIDAE		163
BARGETTE cendrée	SCOLOPACIDAE	ou Bargette du terek	163
BECASSE des bois	SCOLOPACIDAE		160
BECASSEAU cocorli	SCOLOPACIDAE		156
BECASSEAU de temminck	SCOLOPACIDAE		154
BECASSEAU falcinelle	SCOLOPACIDAE		155
BECASSEAU maubêche	SCOLOPACIDAE		155
BECASSEAU minuscule	SCOLOPACIDAE	BG	156
BECASSEAU minute	SCOLOPACIDAE		158
BECASSEAU rousset	SCOLOPACIDAE	ou Actiture rousset HD	156
BECASSEAU sanderling	SCOLOPACIDAE	♂B automne ♂H printemps	153
BECASSEAU semipalmé	SCOLOPACIDAE	BD	156
BECASSEAU variable	SCOLOPACIDAE		154
BECASSEAU variable	SCOLOPACIDAE		157
BECASSEAU violet	SCOLOPACIDAE		158
BECASSINE des marais	SCOLOPACIDAE	♀ avec j	160
BECASSINE double	SCOLOPACIDAE	R	159
BECASSINE sourde	SCOLOPACIDAE		159

♂   mâle
♀   femelle

j   jeune
juv   juvénile
imm   immature
ad   adulte
var   variété

M   milieu de la planche
H   haut de la planche
B   bas de la planche
D   droit de la planche
G   gauche de la planche
R   rare en France

Genre et espèce	Famille	Commentaires	N° page
BECCROISE bifascié	FRINGILLIDAE	♂BD ♀HG	243
BECCROISE des sapins	FRINGILLIDAE	♂MD ♀HG jHD et BG	242
BERGERONNETTE des ruisseaux	MOTACILLIDAE ♂		270
BERGERONNETTE grise	MOTACILLIDAE		272
BERGERONNETTE grise	MOTACILLIDAE	var de yarrel ♂M jD	273
BERGERONNETTE printanière	MOTACILLIDAE	♂H ♀ et j B	268
BERGERONNETTE printanière	MOTACILLIDAE	var flavéole ♂B R	269
BERGERONNETTE printanière	MOTACILLIDAE	var à tête noire ou thunbergi ♂ R	271
BERNACHE à cou roux	ANATIDAE	R	70
BERNACHE cravant	ANATIDAE		67
BERNACHE nonette	ANATIDAE		70
BIHOREAU gris	ARDEIDAE	ou Héron bihoreau	120
BLONGIOS nain	ARDEIDAE	ou Butor blongios ♂ et j	104
BONDREE apivore	ACCIPITRIDAE	imm	27
BOUSCARLE de cetti	SYLVIIDAE	♂H ♀G	300
BOUVREUIL pivoine	FRINGILLIDAE	♂M ♀B	244
BOUVREUIL pivoine	FRINGILLIDAE	var nordique ♂M ♀D	245
BRUANT à calotte blanche	EMBERIZIDAE	M R	233
BRUANT cendrillard	EMBERIZIDAE	BM R	233
BRUANT des neiges	EMBERIZIDAE		229
BRUANT des roseaux	EMBERIZIDAE	♂H ♀BD	231
BRUANT fou	EMBERIZIDAE	♂D ♀G	235
BRUANT jaune	EMBERIZIDAE	♂M ♀HG	232
BRUANT lapon	EMBERIZIDAE	♂ R	228
BRUANT mélanocéphale	EMBERIZIDAE	HG R	233
BRUANT nain	EMBERIZIDAE	BD R	233
BRUANT ortolan	EMBERIZIDAE	♂B ♀H	230
BRUANT proyer	EMBERIZIDAE	♂	234
BRUANT rustique	EMBERIZIDAE	HD R	233
BRUANT zizi	EMBERIZIDAE	♂M ♀B	229
BUSARD cendré	ACCIPITRIDAE	♂M ♀BD	33
BUSARD des roseaux	ACCIPITRIDAE	ou Harpaye ♂	32
BUSARD pâle	ACCIPITRIDAE	♂G ♀D R	35
BUSARD saint-martin	ACCIPITRIDAE	♂ imm G ♀D	34
BUSE féroce	ACCIPITRIDAE	G	28
BUSE pattue	ACCIPITRIDAE	D R	28
BUSE variable	ACCIPITRIDAE		29
CAILLE des blés	PHASIANIDAE	♂D ♀G	177
CANARD chipeau	ANATIDAE	♂G ♀D	68
CANARD colvert	ANATIDAE	♂M et ♀	74

♂	mâle
♀	femelle
j	jeune
juv	juvénile
imm	immature
ad	adulte
var	variété
M	milieu de la planche
H	haut de la planche
B	bas de la planche
D	droit de la planche
G	gauche de la planche
R	rare en France

Genre et espèce	Famille	Commentaires	N° page
CANARD colvert	ANATIDAE	♀ et j	68
CANARD pilet	ANATIDAE	♂	69
CANARD siffleur	ANATIDAE	♂M ♀D	75
CANARD souchet	ANATIDAE	j♂3D ad♂G ♀H	75
CASSENOIX moucheté	CORVIDAE	♂	222
CASSENOIX moucheté	CORVIDAE	var sibérienne	223
CHARDONNERET élégant	FRINGILLIDAE		252
CHEVALIER aboyeur	SCOLOPACIDAE		147
CHEVALIER arlequin	SCOLOPACIDAE		148
CHEVALIER culblanc	SCOLOPACIDAE		150
CHEVALIER gambette	SCOLOPACIDAE		151
CHEVALIER guignette	SCOLOPACIDAE		147
CHEVALIER stagnatile	SCOLOPACIDAE	♂ été R	152
CHEVALIER sylvain	SCOLOPACIDAE		149
CHOCARD à bec jaune	CORVIDAE	ou Corbin chocard ♂	219
CHOUCAS des tours	CORVIDAE		221
CHOUETTE Chevêche	STRIGIDAE		57
CHOUETTE chevêchette	STRIGIDAE	♂	58
CHOUETTE de tengmalm	STRIGIDAE		56
CHOUETTE de tengmalm	STRIGIDAE	j avec 2 Mésanges D et Roitelet BG	56
CHOUETTE effraie	TYTONIDAE	ou Effraie des clochers	59
CHOUETTE hulotte	STRIGIDAE	grise D et rousse G	54
CHOUETTE hulotte	STRIGIDAE	2	55
CIGOGNE blanche	CICONIIDAE	♂G ♀D	116
CIGOGNE noire	CICONIIDAE		117
CINCLE plongeur	CINCLIDAE	ou Merle d'eau	216
CIRCAETE jean-le -blanc	ACCIPITRIDAE		37
CISTICOLE des joncs	SYLVIIDAE	ou Cisticole d'europe ♂H ♀B	301
COCHEVIS de thekla	ALAUDIDAE	ou Alouette de thekla H R	204
COCHEVIS huppé	ALAUDIDAE	ou Alouette cochevis ♂D ♀G	202
COMBATTANT varié	SCOLOPACIDAE	ou Chevalier combattant ♀HD	
		et 7♂ avec Cigogne	146
CORBEAU freux	CORVIDAE		225
CORMORAN huppé	PHALACROCORACIDAE		91
CORNEILLE	CORVIDAE	var noire ou Corbeau corneille	227
CORNEILLE	CORVIDAE	var mantelée ou Corbeau mantelé	
		avec Bécasseau	223
COUCOU gris	CUCULIDAE	♂M ♀B (phase rousse)	184
COUCOU gris	CUCULIDAE	j avec Rougegorge	185
COUCOU-GEAI	CUCULIDAE		185

♂   mâle
♀   femelle

j   jeune
juv   juvénile
imm   immature
ad   adulte
var   variété

M   milieu de la planche
H   haut de la planche
B   bas de la planche
D   droit de la planche
G   gauche de la planche
R   rare en France

♂	mâle
♀	femelle
j	jeune
juv	juvénile
imm	immature
ad	adulte
var	variété
M	milieu de la planche
H	haut de la planche
B	bas de la planche
D	droit de la planche
G	gauche de la planche
R	rare en France

Genre et espèce	Famille	Commentaires	N° page
FAUVETTE sarde	SYLVIIDAE	B⊃ R	255
FLAMANT rose	PHOENICOPTERIDAE		115
FOU de bassan	SULIDAE	adM jG	97
FOULQUE à crête	RALLIDAE	B⊃ avec grande Aigrette	103
FOULQUE macroule	RALLIDAE	♀ et j	139
FULIGULE milouin	ANATIDAE	4♂ 3♀	79
FULIGULE milouinan	ANATIDAE	♂G ♀D	80
FULIGULE morillon	ANATIDAE	♂BG ♀MG	79
FULIGULE nyroca	ANATIDAE	♂ R	69
GANGA cata	PTEROCLIDIDAE	♂D ♀G R	178
GANGA paradoxal	PTEROCLIDIDAE	ou Syrrhapte paradoxal ♂B ♀H R	178
GARROT à œil d'or	ANATIDAE	♂D ♀G	81
GEAI des chênes	CORVIDAE	♂ et j	222
GELINOTTE des bois	TETRAONIDAE	♂G ♀D	180
GLAREOLE à collier	GLAEROLIDAE		132
GOBEMOUCHE à collier	MUSCICAPIDAE	♂D ♀G R	277
GOBEMOUCHE gris	MUSCICAPIDAE	♂	275
GOBEMOUCHE nain	MUSCICAPIDAE	R	214
GOBEMOUCHE noir	MUSCICAPIDAE	♂H ♀B	276
GOELAND argenté	LARIDAE	j3D	126
GOELAND bourgmestre	LARIDAE	MB R	130
GOELAND brun	LARIDAE		127
GOELAND cendré	LARIDAE		128
GOELAND d'audouin	LARIDAE	HM R	131
GOELAND leucophée	LARIDAE	ou Goëland à pieds jaunes	128
GOELAND marin	LARIDAE		129
GOELAND railleur	LARIDAE	ou à bec grêle BG R	131
GORGEBLEUE à miroir	TURDIDAE	var à miroir roux ♂ R	340
GORGEBLEUE à miroir	TURDIDAE	var à miroir blanc ♂G ♀D	339
grand BUTOR	ARDEIDAE	ou Butor étoilé R	105
grand BUTOR	ARDEIDAE		105
grand CORBEAU	CORVIDAE	♂	226
grand CORMORAN	PHALACROCORACIDAE	♂BD ♀G	90
grand CORMORAN	PHALACROCORACIDAE		92
grand GRAVELOT	CHARADRIIDAE		115
grand LABBE	STERCORARIIDAE	jG adD avec Goëland	123
grand PINGOUIN	ALCIDAE	espèce éteinte	65
grand TETRAS	TETRAONIDAE	ou grand Coq de bruyère ♂M ♀D	181
grande AIGRETTE	ARDEIDAE	R avec Foulque à crête	103
GRANDE OUTARDE	OTIDIDAE	R	119

♂ mâle
♀ femelle

j jeune
juv juvénile
imm immature
ad adulte
var variété

M milieu de la planche
H haut de la planche
B bas de la planche
D droit de la planche
G gauche de la planche
R rare en France

Genre et espèce	Famille	Commentaires	N° page
GRAVELOT à collier interrompu	CHARADRIIDAE		114
GREBE à cou noir	PODICIPEDIDAE		94
GREBE castagneux	PODICIPEDIDAE		95
GREBE esclavon	PODICIPEDIDAE		97
GREBE huppé	PODICIPEDIDAE	♂ et j	95
GREBE jougris	PODICIPEDIDAE	♂M jD	96
GRIMPEREAU des bois	CERTHIIDAE	ou Grimpereau familier	187
GRIMPEREAU des jardins	CERTHIIDAE	♂G ♀D	186
GRIVE à gorge rousse	TURDIDAE	♂BD R	325
GRIVE de naumann	TURDIDAE	ou Grive à ailes rousses ♂BG R	325
GRIVE dorée	TURDIDAE	ou Merle doré ♂	344
GRIVE draine	TURDIDAE		346
GRIVE litorne	TURDIDAE		345
GRIVE mauvis	TURDIDAE		349
GRIVE musicienne	TURDIDAE		347
GRIVE obscure	TURDIDAE	♂D R	325
GRIVE sibériennne	TURDIDAE	♂H R	325
GROSBEC casse-noyaux	FRINGILLIDAE	♂D ♀MG jBG	253
GRUE cendrée	RALLIDAE		103
GUEPIER de perse	MEROPIDAE	HG R	255
GUEPIER d'europe	MEROPIDAE	ou Guêpier méridional	260
GUIFETTE leucoptère	STERNIDAE	ou à tête blanche été D hiver G	137
GUIFETTE moustac	STERNIDAE	ou Guifette à moustaches	135
GUIFETTE noire	STERNIDAE	avec j	138
GUILLEMOT à miroir	ALCIDAE	été M hiver D	63
GUILLEMOT de troïl	ALCIDAE	var bridée G	64
GYPAETE barbu	ACCIPITRIDAE		21
HARELDE de miquelon	ANATIDAE	♂G ♀D	84
HARLE bièvre	ANATIDAE	♂	71
HARLE huppé	ANATIDAE	♂B ♀H	85
HARLE piette	ANATIDAE	♂D ♀G	85
HERON cendré	ARDEIDAE	♂	106
HERON gardeboeuf	ARDEIDAE		109
HERON pourpré	ARDEIDAE		107
HIBOU des marais	STRIGIDAE	ou Hibou brachyote	51
HIBOU des marais	STRIGIDAE	j	53
HIBOU grand-duc	STRIGIDAE		51
HIBOU moyen-duc	STRIGIDAE	♂	52
HIRONDELLE de cheminée	HIRUNDINIDAE	♂B ♀H	213
HIRONDELLE de fenêtre	HIRUNDINIDAE		212

♂	mâle
♀	femelle
j	jeune
juv	juvénile
imm	immature
ad	adulte
var	variété
M	milieu de la planche
H	haut de la planche
B	bas de la planche
D	droit de la planche
G	gauche de la planche
R	rare en France

Genre et espèce	Famille	Commentaires	N° page
HIRONDELLE de rivage	HIRUNDINIDAE		213
HIRONDELLE des rochers	HIRUNDINIDAE		212
HIRONDELLE rousseline	HIRUNDINIDAE	♂M jD R	214
HUITRIER pie	HAEMATOPODIDAE		121
HUPPE fasciée	UPUPIDAE		290
HYPOLAIS ictérine	SYLVIIDAE	♂H ♀B	306
HYPOLAIS polyglotte	SYLVIIDAE		307
IBIS falcinelle	THRESKIORNITHIDAE		129
JASEUR boréal	BOMBYCILLIDAE	ou Jaseur de bohème R	215
LABBE à longue queue	STERCORARIIDAE	BG R	123
LABBE parasite	STERCORARIIDAE	et jBD	123
LABBE pomarin	STERCORARIIDAE	HD	123
LAGOPEDE alpin	TETRAONIDAE	avec Aigle royal imm	179
LAGOPEDE des pyrenées	TETRAONIDAE	avec Aigle royal imm	179
LINOTTE à bec jaune	FRINGILLIDAE	R	238
LINOTTE mélodieuse	FRINGILLIDAE	♂H ♀B	237
LOCUSTELLE luscinoïde	SYLVIIDAE	♂	322
LOCUSTELLE tachetée	SYLVIIDAE	♂	320
LORIOT d'europe	ORIOLIDAE	♂M ♀H	217
LUSCINIOLE à moustaches	SYLVIIDAE		321
MACAREUX moine	ALCIDAE		64
MACREUSE à lunettes	ANATIDAE	♂BG ♀MB R	71
MACREUSE brune	ANATIDAE	♂BD ♀HD	71
MACREUSE brune	ANATIDAE	♂M ♀MD	73
MACREUSE noire	ANATIDAE	♀HG ♂MH	71
MAROUETTE de baillon	RALLIDAE	♂B ♀H R	123
MAROUETTE ponctuée	RALLIDAE	♂H ♀B	142
MAROUETTE poussin	RALLIDAE	♂ R	122
MARTINET à ventre blanc	APODIDAE	ou Martinet alpin ♂G	210
MARTINET noir	APODIDAE		211
MARTINET pâle	APODIDAE	H R avec Hirondelle et Gobemouche	214
MARTIN-PECHEUR	ALCEDINIDAE		209
MARTIN-ROSELIN	STURNIDAE	♂B ♀D	295
MERGULE nain	ALCIDAE	R	62
MERLE à plastron	TURDIDAE		326
MERLE à plastron	TURDIDAE	var alpestre	327
MERLE bleu	TURDIDAE	♂H ♀B	328
MERLE de roche	TURDIDAE	♂B ♀H	324
MERLE noir	TURDIDAE	♂D ♀G	323
MESANGE à longue queue	AEDITHALIDAE	var armoricaine	206

♂ mâle
♀ femelle

j jeune
juv juvénile
imm immature
ad adulte
var variété

M milieu de la planche
H haut de la planche
B bas de la planche
D droit de la planche
G gauche de la planche
R rare en France

Genre et espèce	Famille	Commentaires	N° page
MESANGE à longue queue	AEDITHALIDAE	var européenne ♂B ♀H	207
MESANGE à moustaches	TIMALIIDAE	♂B ♀G et j	261
MESANGE bleue	PARIDAE	♂B ♀H	284
MESANGE boréale	PARIDAE	var alpestre	281
MESANGE boréale	PARIDAE	var des saules	283
MESANGE charbonnière	PARIDAE	♂B ♀H	285
MESANGE huppée	PARIDAE	♂M jG	280
MESANGE noire	PARIDAE		282
MESANGE nonette	PARIDAE		279
MESANGE remiz	REMIZIDAE	ou Mésange penduline ♂H ♀B	278
MiILAN royal	ACCIPITRIDAE	D	21
MILAN noir	ACCIPITRIDAE	G	21
MILAN royal	ACCIPITRIDAE		20
MOINEAU domestique	PASSERIDAE	3♂ ♀BD	289
MOINEAU domestique	PASSERIDAE	var cisalpine	287
MOINEAU friquet	PASSERIDAE	♂MH ♀MB	288
MOINEAU soulcie	PASSERIDAE	♂B ♀H	286
MOUETTE de bonaparte	LARIDAE	G	130
MOUETTE de ross	LARIDAE	BD R	130
MOUETTE de sabine	LARIDAE	♂D jG	127
MOUETTE ivoire	LARIDAE	ou Goëland sénateur H	130
MOUETTE mélanocéphale	LARIDAE	MG	131
MOUETTE pygmée	LARIDAE	jD adM	126
MOUETTE rieuse	LARIDAE		125
MOUETTE tridactyle	LARIDAE	BD	131
NETTE rousse	ANATIDAE	ou Brante roussâtre 2♂D ♀G	81
NIVEROLLE	PASSERIDAE	ou Pinson des neiges ♂H jB	287
OCEANITE culblanc	HYDROBATIDAE	ou Pétrel culblanc	98
OCEANITE tempête	HYDROBATIDAE	ou Pétrel tempête	98
OEDICNEME criard	BURHINIDAE	♀ et j	119
OIE à bec court	ANATIDAE	BD	77
OIE cendrée	ANATIDAE		76
OIE des moissons	ANATIDAE		77
OIE des neiges	ANATIDAE	G	77
OIE naine	ANATIDAE		76
OIE rieuse	ANATIDAE		66
OUTARDE barbue	OTIDIDAE	ou grande Outarde R	128
OUTARDE canepetière	OTIDIDAE	♂	118
PERDRIX bartavelle	PHASIANIDAE	ou Bartavelle ♂D ♀G R	176
PERDRIX grise	PHASIANIDAE	♂D ♀ et j G	176

♂	mâle
♀	femelle
j	jeune
juv	juvénile
imm	immature
ad	adulte
var	variété
M	milieu de la planche
H	haut de la planche
B	bas de la planche
D	droit de la planche
G	gauche de la planche
R	rare en France

Genre et espèce	Famille	Commentaires	N° page
PERDRIX grise	PHASIANIDAE	var de montagne ♂G ♀D	177
PERDRIX rouge	PHASIANIDAE	♂	174
petit GRAVELOT	CHARADRIIDAE		114
petit PUFFIN	PROCELLARIIDAE	ou Puffin semblable B R	99
PETIT-DUC scop	STRIGIDAE	♂	50
PETREL fulmar	PROCELLARIIDAE	ou Pétrel glacial HG	99
PHALAROPE à bec large	SCOLOPACIDAE	R	164
PHALAROPE à bec mince	SCOLOPACIDAE	ou à bec étroit ♀D jG R	145
PHRAGMITE aquatique	SYLVIIDAE	F	305
PHRAGMITE des joncs	SYLVIIDAE	♂	305
PIC à dos blanc	PICIDAE	ou Pic leuconote ♂D ♀G R	191
PIC cendré	PICIDAE	♂D ♀G	193
PIC épeiche	PICIDAE	♂M ♀H	191
PIC épeichette	PICIDAE	♂M ♀G	197
PIC mar	PICIDAE	♂M ♀G	190
PIC noir	PICIDAE	♂B ♀H	195
PIC tridactyle	PICIDAE	♂BD ♀G R	194
PIC vert	PICIDAE	ou Pivert ♂D ♀G	189
PIC vert	PICIDAE	var de sharpe (Espagne) ♂D ♀G	188
PICS (divers)	PICIDAE	jeunes:vert HD ; épeiche G ; épeichette D	196
PIE bavarde	CORVIDAE	avec Chouette hulotte	227
PIE bleue	CORVIDAE	R	220
PIE-GRIECHE à poitrine rose	LANIIDAE	♂	257
PIE-GRIECHE à tête rousse	LANIIDAE	♂	258
PIE-GRIECHE écorcheur	LANIIDAE	♂B ♀H et j	259
PIE-GRIECHE grise	LANIIDAE	♂	256
PIE-GRIECHE grise	LANIIDAE	var méridionale (ou d'Italie) ♂	257
PIGEON biset	COLUMBIDAE	♂M ♀D R	171
PIGEON colombin	COLUMBIDAE		168
PIGEON ramier	COLUMBIDAE		169
PIGEON ramier	COLUMBIDAE	j	171
PINGOUIN torda	ALCIDAE	ou petit Pingouin	65
PINSON des arbres	FRINGILLIDAE	♂G ♀D	241
PINSON du nord	FRINGILLIDAE	♂D ♀G	240
PIPIT à gorge rousse	MOTACILLIDAE		267
PIPIT de richard	MOTACILLIDAE	♂	264
PIPIT des arbres	MOTACILLIDAE	♂	266
PIPIT farlouse	MOTACILLIDAE	ou Pipit des prés	265
PIPIT rousseline	MOTACILLIDAE		265
PIPIT spioncelle	MOTACILLIDAE		267

♂ mâle
♀ femelle

j jeune
juv juvénile
imm immature
ad adulte
var variété

M milieu de la planche
H haut de la planche
B bas de la planche
D droit de la planche
G gauche de la planche
R rare en France

Genre et espèce	Famille	Commentaires	N° page
PIPIT sponcielle (maritime)	MOTACILLIDAE	var maritime ou Pipit obscur ♂G ♀D	262
PLONGEON artique	GAVIIDAE	ou à gorge noire	92
PLONGEON catmarin	GAVIIDAE	ou à gorge rousse ♂ et j	93
PLONGEON imbrin	GAVIIDAE		93
PLUVIER argenté	CHARADRIIDAE		112
PLUVIER doré	CHARADRIIDAE		112
PLUVIER guignard	CHARADRIIDAE	♂G ♀D R	113
POUILLOT de bonelli	SYLVIIDAE	♂	317
POUILLOT fitis	SYLVIIDAE		318
POUILLOT siffleur	SYLVIIDAE	♂H ♀M	316
POUILLOT véloce	SYLVIIDAE		319
POULE d'eau	RALLIDAE	♂ et œufs	139
PUFFIN cendré	PROCELLARIIDAE	M	99
PUFFIN des anglais	PROCELLARIIDAE	BD	99
PUFFIN fuligineux	PROCELLARIIDAE	HD	99
PUFIN majeur	PROCELLARIIDAE	G	99
PYRARGUE à queue blanche	ACCIPITRIDAE	R avec Harle bièvre ♂	23
RALE d'eau	RALLIDAE		143
RALE des genêts	RALLIDAE	ou Râle des prés ♂G ♀D R	143
ROITELET huppé	SYLVIIDAE	♂G ♀M	298
ROITELET triple-bandeau	SYLVIIDAE	♂M ♀MB avec Mésanges et Pic	299
ROLLIER d'europe	CORACIIDAE		218
ROSELIN cramoisi	FRINGILLIDAE	♂M ♀B	250
ROSSIGNOL calliope	TURDIDAE	H R avec Traquet rieur	338
ROSSIGNOL philomèle	TURDIDAE	♂	341
ROUGEGORGE familier	TURDIDAE		329
ROUGEQUEUE à front blanc	TURDIDAE	♂	343
ROUGEQUEUE noir	TURDIDAE	♂H ♀B	342
ROUSSEROLLE effarvatte	SYLVIIDAE	♂G ♀D avec j Coucou gris	304
ROUSSEROLLE turdoïde	SYLVIIDAE	♂G ♀D	302
ROUSSEROLLE verderolle	SYLVIIDAE	♂	303
SARCELLE d'été	ANATIDAE	♂D ♀G	83
SARCELLE d'hiver	ANATIDAE	2♂M et ♀4 avec Faucon pélerin	82
SARCELLE marbrée	ANATIDAE		83
SERIN cini	FRINGILLIDAE	BG	248
SITELLE corse	SITTIDAE	HD avec Guêpier, Engoulevent et Fauvette	255
SITTELLE torchepot	SITTIDAE		199
SIZERIN flammé	FRINGILLIDAE	ou Sizerin cabaret	246
SIZERIN flammé	FRINGILLIDAE	var boréale	247
SPATULE blanche	THRESKIORNITHIDAE		120

♂   mâle
♀   femelle

j   jeune
juv   juvénile
imm   immature
ad   adulte
var   variété

M   milieu de la planche
H   haut de la planche
B   bas de la planche
D   droit de la planche
G   gauche de la planche
R   rare en France

Genre et espèce	Famille	Commentaires	N° page
STERNE arctique	STERNIDAE		135
STERNE caspienne	STERNIDAE		136
STERNE caugek	STERNIDAE	♀ avec œufs et j	137
STERNE de dougall	STERNIDAE		134
STERNE hansel	STERNIDAE	jD	136
STERNE naine	STERNIDAE		133
STERNE pierre-garin	STERNIDAE		133
TADORNE de belon	ANATIDAE	♂D ♀G	87
TARIN des aulnes	FRINGILLIDAE	♂D ♀H	249
TETRAS lyre	TETRAONIDAE	ou petit Coq de bruyère ♀M 3♂	181
TICHODROME	TICHODROMADIDAE	ou tichodrome échelette ♂B ♀H été	198
TORCOL fourmilier	PICIDAE		192
TOURNEPIERRE à collier	SCOLOPACIDAE		161
TOURTERELLE des bois	COLUMBIDAE		170
TRAQUET moteux	TURDIDAE	♂H ♀B	337
TRAQUET moteux	TURDIDAE	var (leucorrhoa) R	336
TRAQUET oreillard	TURDIDAE	♂B ♀H	335
TRAQUET pâtre	TURDIDAE	var (rubicola) ♂H ♀B	332
TRAQUET pâtre	TURDIDAE	var (hibernans) ♂H ♀B	330
TRAQUET rieur	TURDIDAE	R	334
TRAQUET rieur	TURDIDAE	D R avec Calliope sibérienne	338
TRAQUET tarier	TURDIDAE	ou Traquet des prés ♂H ♀B	333
TROGLODYTE	TROGLODYTIDAE	ou Troglodyte mignon ♂	296
VANNEAU huppé	CHARADRIIDAE	♀BG ♂M	111
VANNEAU sociable	CHARADRIIDAE	ou Pluvier sociable ♂D ♀G R	113
VAUTOUR fauve	ACCIPITRIDAE		40
VAUTOUR moine	ACCIPITRIDAE	ad HG jM	39
VAUTOUR oricou	ACCIPITRIDAE	R	41
VAUTOUR percnoptère	ACCIPITRIDAE	ou Percnoptère d'Egypte	28
VENTURON montagnard	FRINGILLIDAE	♂MD ♀HD	248
VERDIER d'europe	FRINGILLIDAE	HG	248
VERDIER d'europe	FRINGILLIDAE	♂D ♀G	239

♂   mâle
♀   femelle

j   jeune
juv   juvénile
imm   immature
ad   adulte
var   variété

M   milieu de la planche
H   haut de la planche
B   bas de la planche
D   droit de la planche
G   gauche de la planche
R   rare en France

Nom	N° page
Tichodroma muraria	198
Torgos tracheliotus	41
Tringa erythropus	148
Tringa glareola	149
Tringa nebularia	147
Tringa ochropus	150
Tringa stagnatilis	152
Tringa totanus	151
Troglodytes troglodytes	296
Tryngites subruficollis	156
Turdus iliacus	349
Turdus merula	323
Turdus naumanni	325
Turdus obscurus	325

Nom	N° page
Turdus philomelos	347
Turdus pilaris	345
Turdus ruficollis	325
Turdus torquatus	326
Turdus torquatus	327
Turdus viscivorus	346
Tyto alba	59
Upupa epops	290
Uria aalge	64
Vanellus vanellus	111
Xenus cinereus	163
Zoothera dauma	344
Zoothera sibirica	325

Bibliographie

Ouvrages du peintre:

L'Oiseau chez lui. *Paris 1930.*
ÉMILE PLOCQ, charmeur d'oiseaux. La Roche sur Yon. *1938.*
Nature aux cent Visages. *1943.*
Contes de ma vie sauvage. *1953.*
Très nombreux articles d'erudition scientifique dans des pubblications savantes décrits
dans Ronsil "Bibliographie ornithologique" de la page 419 à 422.

*Collabore en temps que peintre illustrateur par des dessins ou des lithographies en noir ou en
couleurs de sa main, ou par les meilleurs exécutans du temps.*

AREMBERG. Oiseaux nuisibles de France. *Orléans 1911.*
KIPLING. Le livre de la jungle. Le second livre de la jungle. *Paris 1912.*
RACHILDE. Le Théâtre des bêtes. *Paris 1926.*
FOUDRAS. Les gentilshommes chasseurs. *Paris 1932.*
CHÉREAU. Le Pimpet. *Paris 1934.*
BOULINEAU. Les jardin animés. *Limoges 1934.*
LA CHEVASNERIE-LIBAULT. Gibiers et chasses d'Europe. *Paris 1939.*
QUIROGA. Contes de la forêt vierge. *Paris 1943.*
COLLIN DELAVAUD. Oiseaux de notre pays. *Paris 1946.*
BOYER. Traité de fauconnerie et autourserie. *Paris 1948.*
GENEVOIX. Chevalet de Campagne, l'eau, l'arbre, la bête et quelques hommes. *Paris 1950.*
VILLATTE DES PRUGNES. Les chasses en plaine. *Paris 1951.*
DELAMAIN. Portrait d'oiseaux. *Paris 1952.*
HUART. Quelques feuilles mortes. Souvenir de Chasse. *Paris 1953.*
LAGERLOF. Le merveilleux voyage de Nils Holgersson. *Paris 1954.*
PERGAUD. Le roman de Miraut. *Paris 1954.*
BINET. La vie des bêtes sur la terre, dans les airs et dans les eaux. *Paris 1955*
LA FONTAINE. Vingt fables. *Paris 1961.* 50 exemplaires chaque volume étant une suite
d'œuvres originales.

Index

Project graphique
Graziano Miari
par GRAFICA EDITORIALE s.a.s.
10078 VENARIA REALE - TURIN (ITALY)
Imprimé en Italy
Litograf - Venaria Reale - Turin